「日本心霊学会」研究

霊術団体から学術出版への道

Hidehiko Kurita
栗田英彦＝編

人文書院

「日本心霊学会」研究　目次

「日本心霊学会」研究——霊術団体から学術出版への道

日本心霊学会本部にて。右から渡邊藤交（日本心霊学会会長）、伊東祥山（日本心霊学会京都本部長）、竹澤雲涯（『日本心霊』編集兼発行人）。この写真は『日本心霊』創刊第１号の１面に掲載された。

●日本心霊学会本部

初代本部の治療室全景。表札には「日本心霊学会分院　会員実修教務部　疾病看治療部」とあり、会員が心霊治療を学ぶ場であった。

河原町二条下ル、京都ホテルの北隣にあった２代目本部。大正６年10月に移転し、その後人文書院社屋として戦争末期の昭和20年８月まで使用された。

●日本心霊学会の人々

日本心霊学会の幹部たち。左から福田芳浪（印刷部）、竹澤雲涯（外交部）、渡邊藤交（会長）、川瀬青城（編集部）、伊藤祥山（京都本部長）、末松鬱々（庶務部）、菅田（菅谷？）天祥（外交部）、野村瑞城（編集部）、島田徹心（治療部）。大正４年頃。

『日本心霊』の中心メンバー。左端から野村瑞城、渡邊藤交、一人おいて福来友吉、今村新吉、島田徹心。

●心霊治療

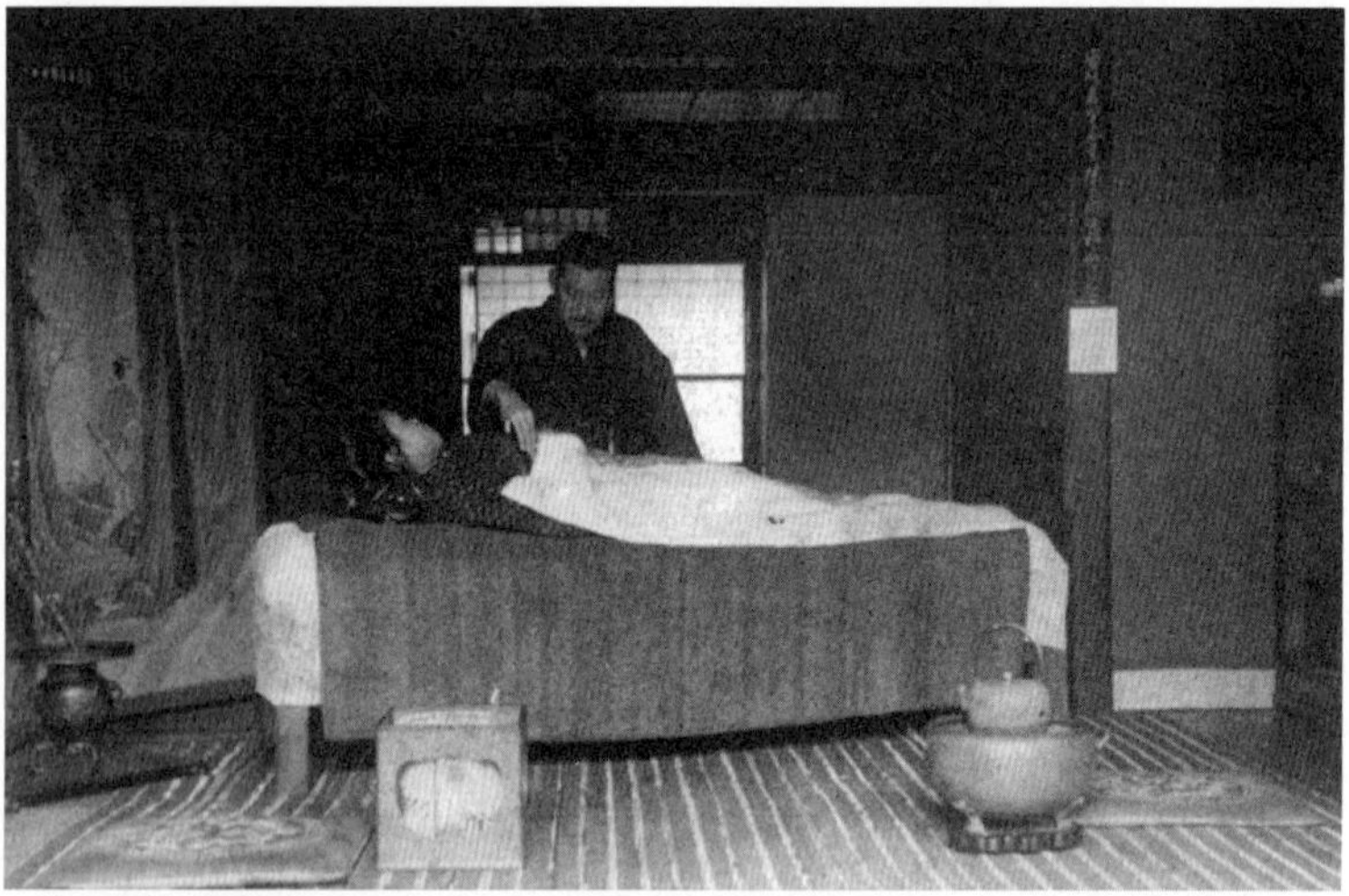

日本心霊学会治療室にて治療中の上田如水（京都分院長）。向かって右の柱には「実修を希望の会員は規程の術習料を納むるべし」と書いてある。紙面未掲載写真。

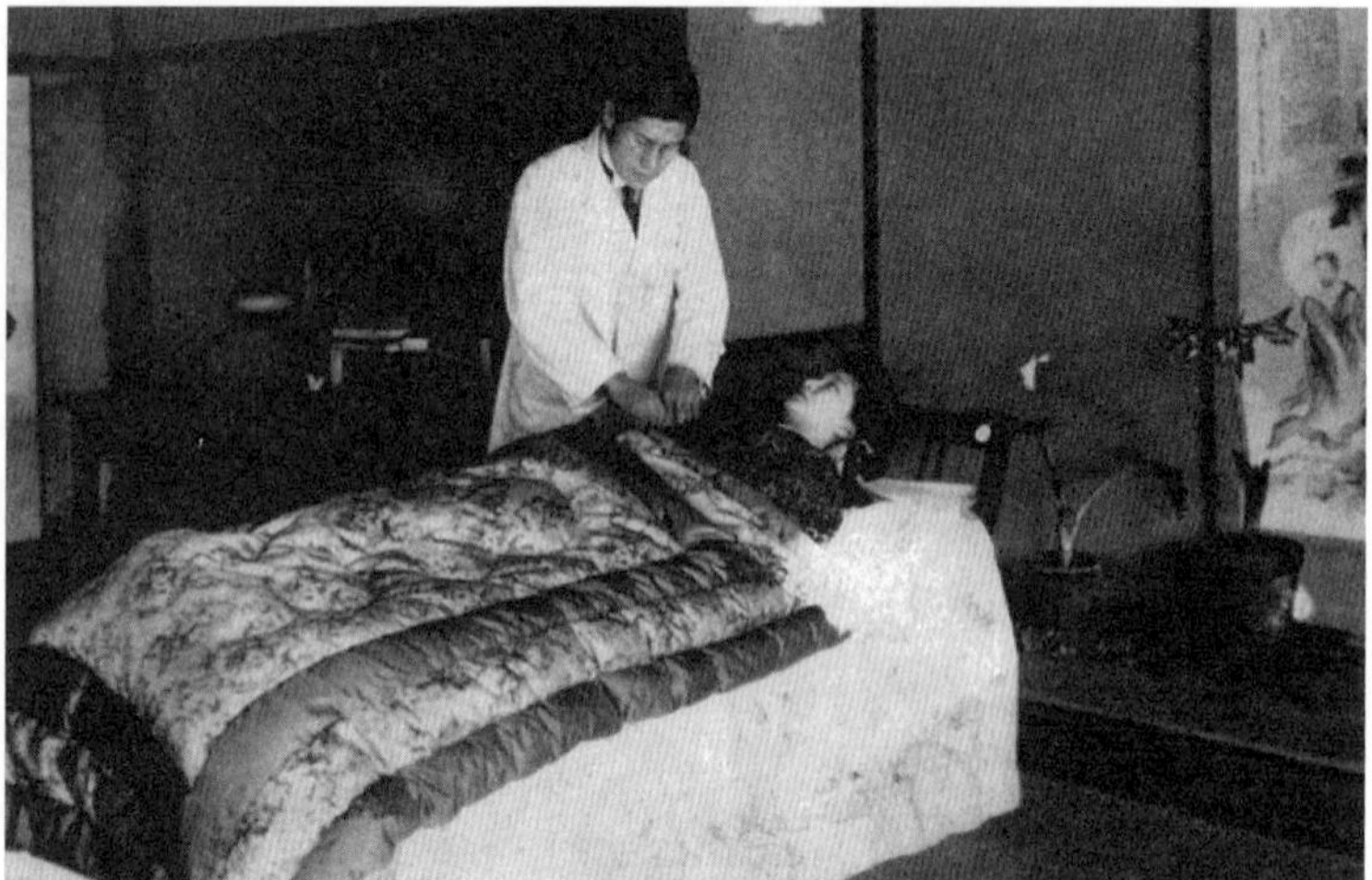

白衣姿の心霊治療風景。この写真は昭和期から廃刊まで『日本心霊』紙の会員募集広告に多く使われた。

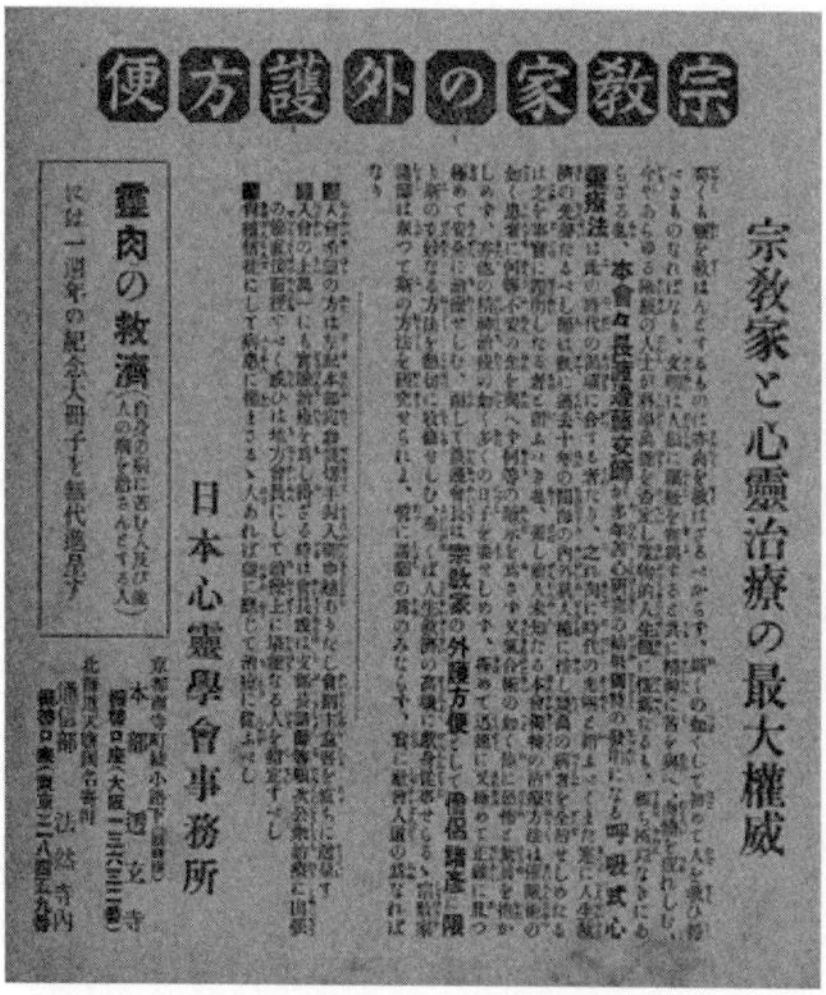

便方護外の家教宗

宗教家と心靈治療の最大權威

靈肉の救濟

日本心靈學會事務所

宗教家の外護方便という見出し通り、心霊治療は僧侶のための副業として宣伝された。

日本心靈學會々員眞報

救はれた人救ふた人

本會の世に生れたる所以のものは身心共、恐ろしき病患の爲めに侵され人生の落伍者として悲慘なる境遇に沈めるものを救濟せんとする大慈悲より發起する呼吸式心靈療法たり今日月と共に驚くべき奇効を奏し名聲嘖々として會員天下に充滿し續々として報告あり茲に最近の一部を摘出して本會の實證を明瞭にし救ふた人救はれた人の喜悦を頒たんとす敢て讀者の參考に供せん

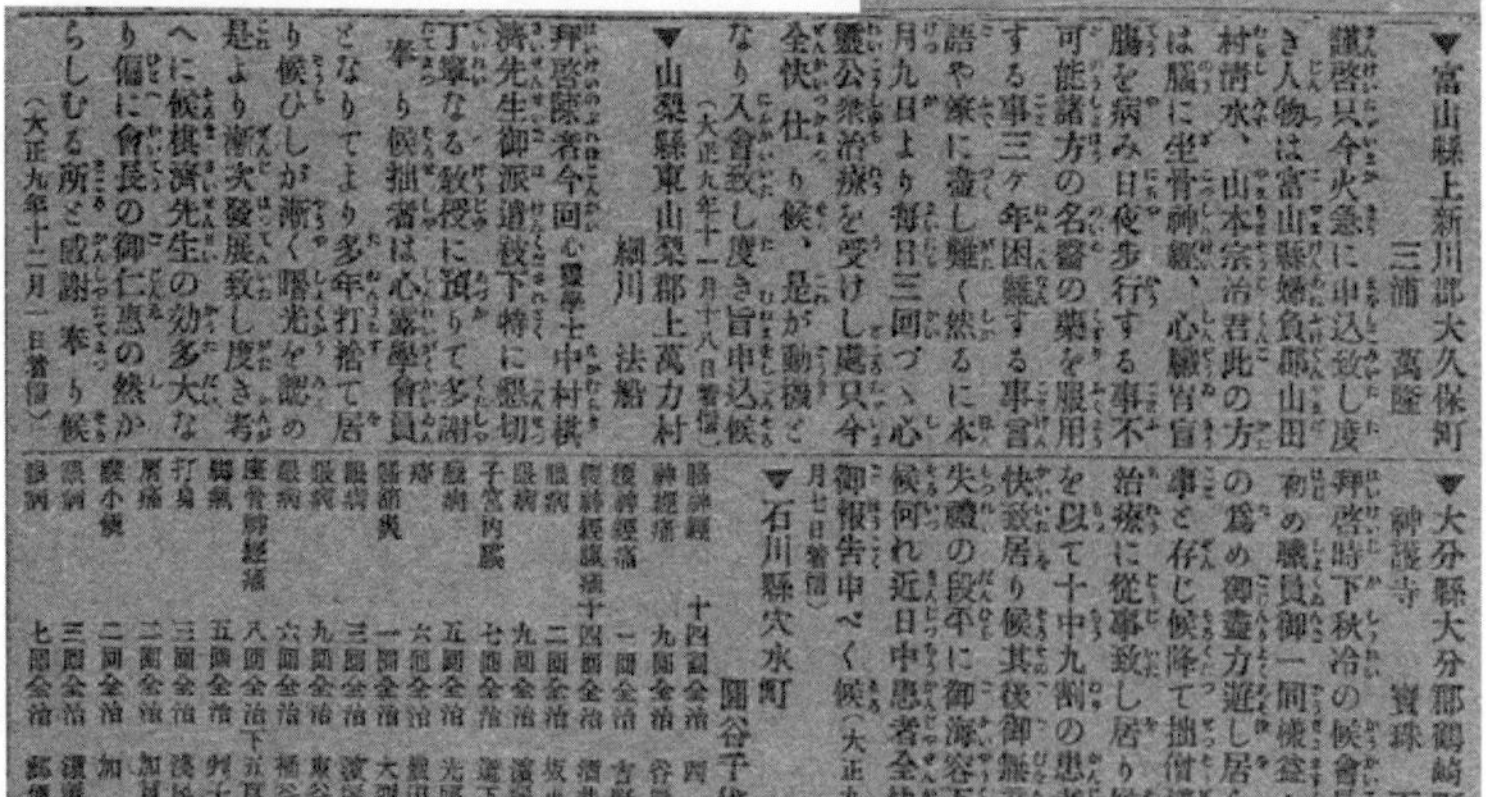

▼富山縣上新川郡大久保町　三浦　萬隆

謹啓只今火急に申込致し度き人物は富山縣婦負郡山田村清水、山本宗治君此の方は腦に坐骨神經、心臟盲腸を病み日夜歩行する事不可能諸方の名醫の藥を服用する事三ケ年困難する事言語や筆に盡し難く然るに本月九日より毎日三回づゝ心靈公衆治療を受けし處只今全快仕り候、是が動機となり入會致し度き旨申込候（大正九年十一月十八日着信）

▼山梨縣東山梨郡上萬力村　細川　法船

拜啓陳者今回心靈學七中村撰濟先生御派遣被下特に懇切丁寧なる教授に預りて多謝奉り候拙者は心靈學會員となりてより多年打捨て居り候ひしが漸く曙光を認め是より漸次發展致し度き考へに候撰濟先生の効多大なり偏に會長の御仁惠の然からしむる所と感謝奉り候（大正九年十二月一日着信）

▼大分縣大分郡鶴崎町　神護寺　寶珠　石雲

拜啓時下秋冷の候會長閣下初め職員御一同樣益々御健民の爲め御盡力遊し居らるゝ事と存じ候降て拙僧儀心靈治療に從事致し居り候御蔭を以て十中九割の患者は全快致居り候其後御無音仕り失禮の段平に御海容下被度候何れ近日中患者全快氏名御報告申べく候（大正九年十一月七日着信）

▼石川縣穴水町　園谷千代惠

『日本心霊』紙には治療体験談が掲載されていた。ユニークなのは病気が治った患者からの体験談は掲載されず、治す側の会員からの体験談が掲載されている点である。これは日本心霊学会のビジネスモデルが患者を治して報酬をもらうのではなく、治療者側に治療法を伝授して報酬をもらっていたためであった。

●新聞発行

大正６年８月１日号掲載「本紙前号印刷工場より着荷（本部門前）」。

大正６年３月15日号掲載「日本心霊学会創立十周年記念号発送の実景（本社写真部夜間撮影）」。

宛名書きが終わり発送を待つ『日本心霊』。紙面未掲載写真。

日本心霊学会本部から郵便局へ引き渡される『日本心霊』。紙面未掲載写真。

●学術講演会

大正 14 年 6 月 27 日、京都公会堂での「日本心霊学会創立十八周年記念講演会」の様子を伝える記事。左の写真は講演中の今村新吉。
この講演を文字化したものを『日本心霊』紙に掲載し、書籍化した事が本格的に出版業へ向かうきっかけとなった。

◆聽衆に異常なる感激を與へた……

本會創立十八週年紀念講演會

明治四十一年の創立、本年を以て恰も十八週年を迎へた日本心靈學會が紀念事業の一たる學術講演會は豫定の如く六月二十七日午後一時より京都市公會堂に於て開かれた……

氣遣はれた梅雨空も、當日は曇り勝ちなるも雨を見ず、寧ろ絶好の講演日和であつた、正午過ぎ既に入場する好學たる聽衆は續々として踵を接し、一時十分、本紙「日本心靈」編輯主任野村瑞城登壇、簡單に開會の挨拶を述べ、直ちに

◆醫學博士 今村新吉氏

の講話に移る博士は强迫觀念と恐怖心なる題下に諸種の實例を擧げつゝ、現代の新しい學說を紹介し進んでヒステリー、神經衰弱症の種々相に說き及ぼし、精神の持ち方、心の如何が病症治癒に至大なる關係を有す、否その症狀如何は精神力によりての治癒し得べしと說き、聽衆に深き智識と、自己反省の資を與ふて降壇、次いで

◆文學博士 福來友吉氏

登壇、劈頭、先づ人間の精神力は一般に思惟し想像するが如き微弱なるものにあらずして統一されたる精神狀態によりて不可思議なる力の出づる所以を述べ、心理的解釋より、禪の悟りに及び、更に古の武士が如何に精神統一に熱中したるかにつき、實例をあげ逸話を引き、巧妙諧謔、滿堂を笑殺させつゝ、精神統一の妙味を述て、聽衆を魅了し、精神修養の必要と統一されたる精神の力と、而してそれが肉體の上に現る、微妙なる關係を理解させ、醉へるが如く感激する聽衆の拍手を浴びて降壇、時、既に日沒に迫り、本會治療部主任島田徹心氏の閉會の辭あり斯くて此講演會は閉ぢられたのであつた

公會堂のホールに滿てる聽衆

此日の聽衆は約一千六百、さしもに廣き公會堂のホールを埋盡すの概があり、斯種の學術講演會として、眞に近來になき盛況であつた、殊に斯學界の權威とも云ふべき今村、福來二博士の有益なる講話を聞き得たるは主催者たる日本心靈學會が聽衆諸君と共に深く欣び、且つこの講話が來聽者に異常なる感激を與へたのは主催者側が二重の喜びとする所であつた

附記 今村、福來二博士の講話の要領は親しく來聽し得ざりし地方讀者のために次號以下の本紙上に掲載すべし

大正 14 年 11 月 7 日の心理学講座予告。こちらは有料で、会員向けであったようだ。

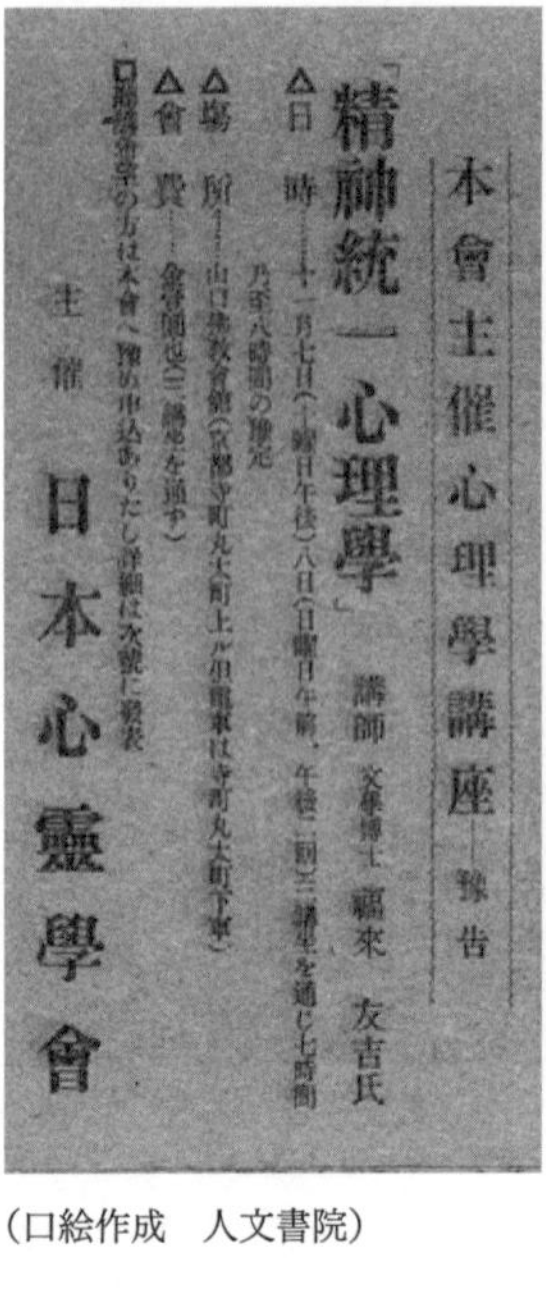

本會主催心理學講座――豫告

「精神統一心理學」 講師 文學博士 福來 友吉氏

△日時……十一月七日（土曜日午後）八日（日曜日午前、午後二回）三講座を通じ七時間乃至八時間の豫定

△場所……山口佛教會館（京都寺町丸太町上ル但電車は寺町丸太町下車）

△會費……金參圓也（三講座を通ず）

□聽講希望の方は本會へ豫め申込ありたし詳細は次號に發表

主催 日本心靈學會

（口絵作成　人文書院）

はじめに

邪教とは、宗教のくせして、現世利益や病患治癒を説くものをさす、と規定してゐるだけでは困ったことだが一應認めよう。すれば我々の現代流行文藝一切邪教のたぐひであることと火よりもあきらかである。（保田與重郎「邪教とは何か」『浪曼派的文藝批評』人文書院、一九三九年）

人文書院は、東京中心の出版業界の中で、京都の出版社でありながらローカルな枠に閉じ込められず、東京の出版社に劣らない質の高い出版物を手掛けてきた。戦前は日本文学関係の文芸書を刊行し、戦後はサルトルやフロイトの思想書によって一時代を画したことでも知られている。保守的な傾向の強い京都の出版業界にあって、戦前からベストセラーを開拓し、一般向け出版物で出版業界をリードしてきた西日本を代表する出版社である。

しかし、その人文書院の前身が日本心霊学会という霊術（民間精神療法）団体であったことはほとんど知られていなかった。人文書院初代社長、渡邊藤交《とうこう》（久吉）は明治四〇年前後に精神療法を学び、「心霊治療」を掲げて日本心霊学会を創始した。この団体は人文書院と並行して昭和期までおよそ二〇年以上続き、当時、多数出現した霊術団体の中でも特に大規模な団体として知られていた。東京帝国大学心理学助教授で千里眼実験や心霊研究で知られる福来友吉、福来の協力者でもあった京都帝国大学精神科初代教授の今村新吉、日本の推理小説文壇の成立に貢献した医学者の小酒井不木などとも交流があり、仏教僧侶を中心に会員を増やしていた。大正期は「心霊」が社会を風靡した時代であり、文芸への影響も大きなものがあったが、その一角を担っていたのが、この日本心霊学会だったのである。

だが、長らく日本心霊学会の資料は部分的にしか利用できず、大量に発行されたはずの新聞形式の機関誌についてはまったく入手不可能であった。ところが、二〇一三年、高台寺北門前の人文書院旧社屋（兼社長自宅）の土蔵から、日本心霊学会機関紙『日本心霊』がほぼ揃いで発見されたのである。[1] 加えて書簡・写真類、会員名簿や出納帳なども発見され、治療業と出版業の舞台裏にも光を当てる資料も見つかった。これらの新資料の発見により、日本心霊学会の変容の過程を精緻にトレースし、全体的な視点からの研究が可能になった。本書は、この発見によって立ち上がった共同研究の成果である（この共同研究の経緯はあとがきを参照されたい）。

ここでは、まず日本心霊学会および『日本心霊』研究の学術的意義を示したい。

近年、宗教研究において霊術・民間精神療法研究（広くは近代オカルティズム史研究）が精力的に進められている。[2] 宗教とも治療ともつかず、さらには道徳や学術や政治にも及んでいくこの越境的な精神運動の研究が、二〇〇〇年代以降、「宗教」概念の近代主義的バイアスの批判へと突入した日本の宗教学で立ち上がってきたのは故なきことではなく、それは言わば「近代」そのものの根本的な問い直しという重要な現代的問題を孕んでいる。一方で、それまでこの種の研究がなかなか進展しなかったのは、資料上の制約もあった。そもそも霊術・民間精神療法の運動は雲集霧散が激しく、特定の団体を対象にして重点的に研究することは、資料の散逸によって困難であった。まとまって発見された資料を駆使して日本心霊学会の成立から終焉までを通時的かつ立体的に把握することは、それ自体が民間精神療法研究、ひいては宗教研究において重要な意義を持つ。

ただ、言うまでもなく、日本心霊学会の興味深いところは、それが人文書院の前身だったということにある。その点で日本心霊学会研究は、出版文化研究にも位置づけられる。出版文化に関するモノグラフ研究には、改造社（『改造』）、博文館（『太陽』）、実業之日本社（『実業之日本』）、講談社（『キング』）を対象とした調査・研究などすでにいくつかの前例があるが、京都という地域性や宗教＝精神文化との関係という点で、日本心霊学会および『日本心霊』はまったく独特の位置を占めている。出版史から見れば、京都の出版業界は、近世における仏書出版中心の業界から、思想書や学術書を特徴とする業界へと変容していったが、その際に、日本心霊学会を経由したということになる。伝統仏教／霊術・民間精神療法／文芸・アカデミズムという、従来であれば別々に把握されてきたであろう領域が、日本心霊学会＝人文書院という場を経由して流通性を維持していたのである。この流通性が大正期京都という時空ゆえに成立していたとすれば、それを可能にした文化状況はいかなるものだったのか。近代以降も京都が東京に対して一方の文化的発信源であり続けてきたことや大正期の「心霊」の広範な流行を踏まえると、むしろ日本心霊学会の特異性こそが、出版文化史全体を見直す窓口となりうる。

このことは、さらに昭和期以降の文学や思想の内実についても、その流通性から考える視座を提供する。例えば、冒頭のエピグラフに引いた保田與重郎の一文は、内務省が神道系新宗教の大本を弾圧した際（第二次大本事件）、それに乗じて主にプロレタリア文学系の作家・評論家らが「邪教」批判したことを保田独特の表現で批判したもの――現代文芸もまた文学を「現世利益」の手段とみなす「邪教」だという批判――であるが、刊行元の人文書院との関係を考えると、間接的な心霊治療擁護というニュアンスも窺える。[3] 続けて保田は「評論をかいて世間の野蠻への憤懣をもらしてゐては助からない。邪教は最も科學的にものを語つてみせたのである」[4]と述べ、イロニーを込めながら評論と実践の問題を俎上に上げて批判者と「邪教」の価値を反転させるのである。その後の保田はイロニーを超えて「歌」による「神人一如」を言うようになる。[5] 保田が霊術に共鳴したかは定かではないが、昭和期でも、主客・霊肉・心身・君民などの「一如」や「統一」を説く手のひら療治や静坐法などの霊術・修養法が文学者ら知識人や中間層に浸透し、単なる療法を超えた全体性を帯びて芸術・思想・政治の領域に流れこんでいた。[6] 文学と霊術というテーマを単なる挿話《エピソード》ではなく、文学・思想・政治の諸運動を巻き込んだ精神運動の束のなかで見る必要がある。

この点では、文学研究の鈴木貞美らによる大正生命主義の議論が先行研究として重要であろう。その一連の研究では、大正期における「心霊」の流行は、思想的には生命論と結びついて、文学の場にあっては白樺派や新現実主義などに影響を与え、その余波は昭和期にも及んでいたことが指摘されている。しかし、「心霊」が具体的にいかなる団体、いかなる運動を通して一般社会に伝播したのか、大枠の分析はあったものの、具体的な資料にもとづく検証は、資料不足のためになされていなかった。これが、日本心霊学会資料の発見によって可能となったのである。その分析によって、精神主義的文学テクストを読み解く読解コードが定位されれば、当該期の文学場の新たな様相を明らかにできる。また一方で、華やかな生命主義的言説の根底にある現実を垣間見ることもできよう。

ここから、宗教研究と文学研究を架橋する別の足がかりも見えてくる。宗教社会学では、新宗教における「生命主義的救済観」――宇宙・世界・自然そのものを一個の根源的な生命と捉える世界観に基づく救済観――がたびたび指摘されてきたが、それは民俗宗教に根差したものとして捉えられてきた(7)。それゆえ、文学者などの知的エリート層を担い手とし、モダニズム文学につながるような文学研究の「生命主義」との接続が試みられることはほとんどなかった。しかし、民間精神療法は、技法的には修験道のような民俗宗教に根ざしつつ、思想的には心理学や哲学や心霊研究といった近代的学知に接続し、特に日本心霊学会は宗教・民間療法と文芸を越境する道を歩んだ。宗教研究と文学研究の「生命主義」の交錯を考えるうえで最適の研究対象だと言える。

さらに、ここでもう一歩踏み込んで考えてみよう。そもそも戦後の新宗教研究の「生命主義的救済観」は、柳田国男や折口信夫らによって提唱された民俗学を参照していた。近年の研究では、一九世紀末の心霊研究と民俗学は新興の先端的な学知として、現在考えられているよりもはるかに近い位置にあり、また柳田や折口の学問形成もまた新たな宗教運動（近代神道運動）の一つとして捉えるべきだという指摘がなされている。(8) この観点において特に重要なことは、民俗学が霊性思想や宗教運動から袂を分かっていくというより、むしろその一つの展開として形成されたということだろう。例えば、折口信夫の「産霊」神の概念は、心霊研究と密接な関わりのなかから構想されていた。こうしてみると、新宗教研究の「生命主義」もまた、大正期以来の「心霊」の系譜の戦後的展開ではなかったか。この検証は本書の課題ではないが、ここで考えようとしているのは、アカデミズムの学知と在野または民間の知にまたがる思想史、精神史の問題である。この点で、民俗学の形成過程であった大正末から昭和初期に、『日本心霊』誌上で柳田や折口らの説がたびたび引用されていたことは興味深い。今村新吉や小酒井不木ら医学者との交流も含め、日本心霊学会＝人文書院は、アカデミズムと民間の知の媒介する場として機能していたことも注目に値する。

日本心霊学会＝人文書院は、精神療法／仏教／新宗教／神道／民俗学／文学／哲学といった諸領域を横断しながら、アカデミズムと民間の知に股をかけ、心霊治療と出版という二つの媒体《メディア》——霊的＝精神的な〈エネルギー／メッセージ〉の媒体——を軸にして一つの組織を維持してきた。こうした脱領域性と組織性という矛盾した特徴を兼ね備えることで、分野横断的な共振の相を一つの団体とその刊行物に折りたたんできたのである。日本心霊学会研究とは、そうした共振の相の変貌——振幅を伴ったある一つの精神史——を、単なる観念の共通性や思想の構造的類似を超えて、具体的な組織と運動に定位して探求する足場を組み立てることに他ならない。本書の諸研究は、こう

した日本心霊学会研究の最初の、ではあるが確かな一歩を踏み出すものである。(9)

以上を踏まえ、次に本書の構成と各章の内容を簡単に紹介したい。

第一章「日本心霊学会の戦略」(一柳廣孝)は、メディア戦略という切り口から、日本心霊学会の特徴を分析する。日本心霊学会は、初期には仏教界を顧客として発展し、一九三〇(昭和五)年の「療術行為ニ関スル取締規則」以降の霊療術界の再編成期以降は、京都帝大などのアカデミシャンとの繋がりを水路として出版業に移行した。これこそが、本山寺院と大学がひしめく京都という地の利を生かした言説戦略だったのである。

第二章「日本の心霊研究と精神療法」(吉永進一)は、日本心霊学会の背景にある心霊研究と民間精神療法の交錯を、催眠術の展開を軸に詳細に記述している。催眠術・民間精神療法は、「心霊」や「精神」の観念を、具体的な超常現象や身体技法を伴う治療と結びつけながら流通させていく。ここにおいて密教、修験などの土着的伝統との接点が生まれ、さらに日本の近代教育システムの領域分けへの違和感を吸い上げる水脈が継続していったのである。

一章と二章が総論だとすれば、三章以下は時代の変遷に沿った各論になる。

第三章「大正期日本心霊学会と近代仏教――「外護方便」としての心霊治療」(栗田英彦)は、初期の日本心霊学会を近代仏教史のなかに位置づけ、仏教界の心霊治療へのニーズを明らかにしている。従来、伝統仏教教団、特に浄土真宗教団は心霊治療を「迷信」として忌避したと考えられてきたが、大正中頃まではむしろ心霊治療に対して非常に寛容であった。日本心霊学会側も仏教の「外護方便」として心霊治療を提供しており、この姿勢こそが翻って出版社への転身の鍵となったと論じている。

第四章「越境する編集者野村瑞城――『日本心霊』紙上の「神道」と「民俗」を中心に」(渡勇輝)は、大正中頃から昭和五年頃まで編集者として手腕を振るった野村瑞城《ずいじょう》を取り上げている。野村が活躍したのは、日本心霊学会が仏教界から少しずつ離脱し、一般層や神道界に顧客を求め始める時期であり、そうしたなかで野村は原始神道論から柳田民俗学に行きつくことになる。日本心霊学会にも及んだ神道・民俗学思想の広がりを明らかにし、同時に先端的なテーマを紙面に反映させる敏腕編集者としての野村像に迫っている。

第五章「編集者清水正光と戦前期人文書院における日本文学関係出版」(石原深予)は、野村撤退後の昭和期人文書院編集者、清水正光に焦点を当てて学術出版社への移行期の舞台裏を明らかにし、また当時の日本文学関係刊行物の特徴を整理している。清水と川端康成の学生時代からの友人関係が当該期の人文書院刊行書籍のラインナップに大きく寄与したこと、刊行物は日本浪曼派周辺人脈の評論や小説、佐佐木信綱門下の非アララギ派の歌集・和歌文学などで特徴づけられることを指摘している。

各章のあいだに挟まれたコラムは、隣接する章を補足するものになっている。

コラム1「民間精神療法のなかの日本心霊学会」(平野直子)は、日本心霊学会を民間精神療法史に位置づけつつ、その心霊治療の理論と技法を詳しく分析・紹介している。

コラム２「Ｈ・カーリングトン『現代心霊現象之研究』を翻訳した関昌祐の心霊人生」（神保町のオタ）は、アメリカの心霊研究家ヘレワード・キャリントン[10]（Hereward Carrington 一八八〇〜一九五九）の著書*Modern psychical phenomena*（1919）の訳者であり、霊術家出身の出版人、関昌祐の経歴を明らかにしている。コラム１・２ともに総論部分の第一章と第二章を補足する内容である。

コラム３「句仏心霊問題」（栗田英彦）は、真宗大谷派法主大谷句仏が日本心霊学会の心霊治療を受けたことで勃発した論争を紹介する。これ以降、仏教界と日本心霊学会は少しずつ疎遠になっていく。

コラム４「日本心霊学会編集部代表・野村瑞城（政造）の作品と略歴」（菊地暁）は、貴重資料を駆使して謎の多い野村瑞城の経歴について詳述している。コラム３・４はそれぞれ各論部の三章および四・五章を補足している。

本書の最後には、特別資料として、一九三〇年五月の民俗学大会上での西田直二郎と折口信夫の講演録（西田「年中行事と民俗研究」・折口「門」）を採録した。これらは著作集や全集に未収録であり、今回の共同研究によって『日本心霊』紙上で発見された貴重な資料である。末尾に詳細な解題（菊地暁）を付している。

本年（二〇二二）は、「日本心霊学会出版部」の創業から数えて、人文書院一〇〇周年になる。その記念事業として、機関紙『日本心霊』（一九一五年創刊〜一九三九年廃刊・約七〇〇号）のデジタルアーカイブが一一月に丸善雄松堂より発売される運びとなった。もちろん、本書の刊行もまた、記念事業の一環として位置づけられている。これを機に日本心霊学会、民間精神療法、出版文化に関心を持つ人々が増え、さらに研究が進むことが期待される。本書がその際のガイドとして役に立つことになれば、望外の喜びである。

二〇二二（令和四）年七月三〇日

栗田英彦

注

（1）このときの発見の経緯については、佐藤良憲「日本心霊学会――人文書院新発見資料発見の経緯」（https://note.com/jimbunshoin/n/n76ead6a466d5）を参照。

（2）栗田英彦・塚田穂高・吉永進一『近現代日本の民間精神療法――不可視なエネルギーの諸相』（国書刊行会、二〇一九年）、吉永進一・栗田英彦編・解説『術と行の近代――精神療法・霊術・宗教』（クレス出版、二〇二一年）、吉永進一『神智学と仏教』（法藏館、二〇二一年）など。

（3）保田がこの文章を雑誌『日本浪曼派』に発表したのは、一九三六（昭和一一）年であり、ちょうど人文書院からの最初の著作『英雄と詩人』が刊行される年であった。もちろん、このときも日本心霊学会は存続し、『日本心霊』も刊行中である。

（4）『保田與重郎全集　第六巻』講談社、一九八六年、一六一頁。
（5）河田和子「保田與重郎における「言霊」思想」『Comparatio』三号、一九九九年。
（6）代表例として、三井甲之の手のひら療治、佐藤通次の岡田式静坐法実践がある（栗田英彦「日本主義の主体性と抗争」石井公成監修・近藤俊太郎・名和達宣編『近代の仏教思想と日本主義』法藏館、二〇二〇年）。なお、霊術と政治と文学の問題は、戦後には、三島由紀夫晩年における生長の家への接近（梶尾文武『否定の文体――三島由紀夫と昭和批評』鼎書房、二〇一五年、三一三頁）から、評論家の柄谷行人の催眠術・西式健康法・野口整体・手かざし・静坐法の実践（柄谷行人「『近現代日本の民間精神療法』――国境越えねつ造された起源を暴く」『朝日新聞』二〇一九年一一月一六日）や（より自覚的な形において）津村喬の気功実践（鎌倉祥太郎「読みと歴史認識の方法をめぐって――津村喬の思想史的研究」大阪大学博士論文、二〇一六年、八六～一〇一頁）にまで及び、戦前で終わるものではない。
（7）対馬路人・西山茂・島薗進・白水寛子「新宗教における生命主義的救済観」『思想』六六五号、一九七九年。
（8）水野葉舟（横山茂雄編）『遠野物語の周辺』（国書刊行会、二〇〇一年）、安藤礼二『折口信夫』（講談社、二〇一五年）、斎藤英喜『折口信夫――神性を拡張する復活の喜び』（ミネルヴァ書房、二〇一九年）、渡勇輝「柳田国男の大正期神道論と神道談話会――「神道私見」をめぐって」（『佛教大学大学院紀要・文学研究科篇』四九号、二〇二一年）など。
（9）以上の記述は、栗田英彦「『日本心霊』調査・アーカイブ化の意義」（https://note.com/jimbunsho_n/n/n0bd7bf55afa7）を元に全面的かつ大幅に加筆修正をしたものである。
（10）橋本順光「カーゴ・カルト幻想――飛行機崇拝とその伝播」（一柳廣孝・吉田司雄編『天空のミステリー』青弓社、二〇一二年）の表記を参考にした。

第一章　日本心霊学会の戦略

一柳廣孝

はじめに

人文書院の前身が日本心霊学会出版部であり、日本心霊学会が大正期を代表する霊術団体のひとつだったことは、近年徐々に知られるようになってきた。ここでいう霊術とは、直接的には催眠術を用いた治療法に端を発する、民間精神療法の総称である（詳しくは第二章を参照）。この療法を用いた人々は、精神療法家・霊術家などと呼ばれた。彼らはそれぞれ独自の理論を唱え、組織を整えて患者の治療や後進の指導をおこなった[1]。本論では、のちの人文書院に繋がる日本心霊学会の活動と、その特徴を明らかにしたい。

日本心霊学会は明治三九（一九〇六）年創立（ただし後年になって、明治四一（一九〇八）年創立へと見解を変えている）。会長は渡邊藤交（本名、久吉。一八八五―一九七五）。本部は京都にあった。創立者の渡邊については、昭和初期の霊術カタログともいえる霊界廓清同志会編『霊術と霊術家――破邪顕正』（二松堂書店、昭和三年）に、次の言及がある。「同君は大正十一年の夏から日刊新聞全紙大の『日本心霊』という機関紙を月三回出して居る。其の内容も自分一個の屁理屈ばかりではなく、福来博士だの小酒井博士だのの、説を載せて居るから読むに値する。新聞大の機関紙というものは、同誌を以て日本唯一ということが出来よう」。

機関誌を有していた霊術団体は、他にもある。早くは、横井無隣が主宰した精神科学会の「精神時報」などである。しかし新聞サイズのものを月に複数刊行し、さらに永井潜や福来友吉、小酒井不木など、アカデミックな執筆陣を抱えていた団体は他に見当たらない。正統医学系の精神療法書を刊行する出版部を有していた点も含めて、日本心霊学会は活字メディアの機能を強く意識していた。

さらに『霊術と霊術家』は、渡邊が霊術家になるまでの過程と、彼の提唱する治療法について、次のように紹介している。

同君のパンフレット『心霊治療法の本義』というのを見ると、「渡邊本会長が斯法を創案されし経路と其の実蹟」という一項がある。それに依ると「心霊治療は本会会長渡邊藤交先生の創案になったのである」云々とある。先生は青年時代宗教学校に学び、業卒へ一山の住職に選ばれんとしたとき、心臓病に冒され、それより各種の疾病を誘発し医薬は勿論あらゆる方法を講じたが、日を経て益々悪化し医家は不治の宣告を下したのである。先生はただ死を待つばかりであったが、不図白隠禅師の夜船閑話を読んで啓発され、前途に光明を認めて、それより内観法を研究し、気合術は勿論催眠術、東洋古代の隠秘学に謂う活力術等を研究し、自ら夫等の方法を試みるうち、嘗て医家によって不治と断ぜられた病疾も軽快したるを以て、明治四十一年京都に来り、先輩に聞き心理学者生理学者に質し、且つ自ら実験研究し、観念力による光波的感応の原理による万人未発ともいうべき治病法を創始し、これを心霊療法と名づけられたのである

さらに同書は橋本時次郎「西に藤交あり東に鉄石あり」（「精神統一」、大正一〇年五月）から、渡邊藤交に関する次のエピソードを引用する。

彼は三河の産、幼にして出雲国簸川郡塩谷村（正しくは塩冶村――引用者注）に在る神門寺という寺の小僧に成った。別に神童の称も何もなかったが、長じて京都に出て知恩院中学林に学んだのである。余り勉強し過ぎて神経衰弱に罹ったというと、チョット人聞きがよいけれども、不自然な淫事が過ぎるか何んかして神経衰弱に成って、寺へ帰って来たのは明治三十九年の初めであった。時に木原鬼仏君が松江市で門戸を張って居たので、早速其門に入り、病気も治療して貰ったり、教授も受けて其所に数ヶ月居ったのである。そして再び笈を負うて京都に出で、翌四十年芽出度く中学林を卒業した。吾輩は矢張り木原の門に遊んだもので、よく彼れを知って居る。日

所用があって京都に出ると、チョット町名を忘れたが、大きな看板に『日本心霊学会』と墨黒々と認められたのが下がっている。吾輩も好奇心を起し、一ツ会則でも貰って、国への土産にしようと訪うと、出て来たのは会長其の者であって、よく見ると彼奴なので、「ヤア渡邊か！　甘いことを始めたナ。会員はあるか」という有様で、色々話などして引取ったことがあった。

日本心霊学会の公式見解と、渡邊の知人である橋本のくだけた回想が並置されていて興味深い。なお、渡邊が松江で教えを受けたという木原鬼仏は、明治三八（一九〇五）年に心霊哲学会を発足し、心霊療法をおこなっていた。[2] また橋本の表題にある「西に藤交あり東に鉄石あり」の鉄石とは古屋鉄石をさす。明治時代から東京精神研究会、大日本催眠術協会、博士書院など複数の団体・出版社を設立、『催眠術治病法』『独習自在自己催眠』『催眠術独稽古』など大量の類似本を刊行し、さらに大正期には霊術家へと変貌、のちに東京市芝区会議員を務めた。

橋本が東西に古屋と渡邊を配した点は、注目に値する。なぜなら彼らは、ともに活字メディアを最大限に利用して独自の言説戦略を展開した、代表的な霊術家だったからだ。古屋の主催した精神研究会は、通信教育の活用、契約にもとづく会員制度、大学制度に準じた教育システムの導入といった点で、その先見性が高く評価されている。[3] 一方で日本心霊学会もまた、その経営戦略、言説戦略には見るべきものが多い。それらについて言及するにあたって、まずは当学会の理念を確認しておきたい。

一　日本心霊学会の理念とその特徴

霊術治療団体たる日本心霊学会のバイブルは、主宰者の渡邊藤交がまとめた『心霊治療秘書』（日本心霊学会本部、大正二年、ただし改版前の書名は『呼吸式感応的治療秘書』）である。同書は大正一三年一二月に改版され、昭和一一年二月までに一九版を重ねた。ここでは同書の一八版（昭和二年）に拠りながら、日本心霊学会の基本理念、具体的な治療法とその理論的な背景を見ておこう。

まずその基本理念だが、自序に次の一文がある。「人類生活を霊化せよ、社会を浄化せよ、一切をして精神化せしめよ、人に、国に、社会に、世界に信念なく正操なきは霊の諦見なきによるとは吾人の信ずる所也」。霊術全体に共通して見られる、精神絶対主義、肉体に対する精神優位の主張である。

この主張に力を与えているのは、霊に対する科学的アプローチの存在である。渡邊は自序のなかで、人間の心身活動の目的が「生命実現の合目的活動」にあるとし「此を以て米国の哲学的心理学者ウィリアム・ゼース《ママ》、仏蘭西のフラマリン《ママ》及ベルクソン、若しくは英国の碩学にして世界的理学者たるロッヂ、米国のカーリングトンの諸博士若しくは諸教授、また我国に於ける福来文学博士、小酒井医学博士の如き皆な此研究に指をそめ心霊現象を研究し又は精神作用の妙を称道して一世を震駭せしめたり」と述べているが、ここでの眼目は、心霊学的認識を自らの霊術概念と結びつけることにある。

渡邊の列挙する西欧の学者は、ＳＰＲ（英国心霊研究協会）の主要メンバーである。大正一三年の改訂では、心霊学理論の導入に力点を置いたと見られる。凡例には、次のようにある。「固より心霊治療法の原理に至っては不動たりと雖も、説明の方法を改め、同時に最新の学説、殊に生理学、心理学、及び新らしき科学たる心霊学の理論を引用し、会員諸氏の理解を容易ならしめんがために、此根底的改訂を企てたる也」。

渡邊によれば「科学は心霊化して来た」。そして「宇宙には霊があると認めざるを得なくなった科学的発見は電子論と相対性原理の二つである」。なかでも電子論の影響は大きいと、彼は言う。「今日確実なる存在だと思われていた物質なるものは、要するに不確実なる存在仮象で宇宙万有の物質を構成している本質は電子である。実に電子こそ宇宙に遍在し、充満し、それが本源になって一切の物質界の変転は生れ来り、現実界の森羅万象は電子より発し来れる一大顕現に外ならぬということが明かになった」のである。

「電子は最早や「物」ではない。「気」である。力の顕現である。電子は速度の変化と共に、その質量は変化して行く。宇宙万象は電子が活動する姿である。電子の流れに結ばれては物質となり、解けては再び本来の見えざる姿に移り行く。これが一切のものの実相である」。さらに「宇宙とは一に心に喩うべき動力である。物質は動力の表象である。霊の自現である。霊は物質中に浸透している。人心は宇宙動力の一部分である。物質たる肉体は観念の左右する所となり、自由自在に変化形成する。換言すれば一心が凝るとき、宇宙動力の約束の下に、物質上の諸現象を左右し得るのである」。

こうして、霊は「電子」のイメージと結びつく。また、身体を構成するのが電子（気＝霊）であるならば、その配列を変えることで身体は治癒される。渡邊は言う。「吾人は新唯心論者である。即ち其れは旧式な唯心論を奉ずるのではなく、自然科学、精神科学特に現代の心霊学的研究と実験とを濾過したる唯心論者である」と。

この渡邊の主張には、福来友吉の影響が色濃い。渡邊が人間の心身活動の目的を「生命実現の合目的活動」に求めているのは、日本心霊学会編『現在及将来の心霊研究』（日本心霊学会、大正七年）に寄せた福来の序文の、次の言説と連動している。「自然科学に対抗する研究法によりて、現代の思想家は一般に生命の根本原理を要求だと力説するに至った。従って其の人生観は目的論的である。斯く現代の思想界が自然科学の器械論的人生観を捨てて、目的論的人生観を迎うる様になったことは、現代が科学万能の迷夢から醒めて、人心奥底の実在を自覚し始めた結果で、実に祝すべきことである」。

同じ序文で、福来は言う。「心霊研究は実験的事実によりて霊的力用の存在を証明することを其の眼目とする。故に現代の思想家が自然科学の器械的生命観を捨てて、要求を根本原理とする目的論的生命論を採用するに至ったのは著しき進歩であるが、併し其れ丈ではまだ徹底して居らぬ。霊的力用の存在を実験的に証明する心霊研究と相待って初めて徹底したる学術となるのである」。こうして、目的論的生命観と心霊学は結びつく。

かねてから福来は、観念生物説を唱えていた。福来『観念は生物なり』(日本心霊学会、大正一四年)によれば、生物とは生命の働きをするものであり、生命の働きとは、要求実現の活動である。また、精神は活動するために物質を必要とし、物質もまた、活動するために精神を必要とする。よって生命とは、物質に即した精神の活動、物心相即から生み出された活動である。したがって宇宙一切の活動はすべて生命の活動であり、宇宙そのものがひとつの生物ということになる。宇宙の一切の活動は、すべて物質と力の相即から生まれたものであり、その力とは精神だからである。

では「何故に観念は生物であるか。第一に、観念は純粋精神ではない。何故なら、観念と観念との間には、衝突競争があるからである。延長なき純粋精神相互の間に、衝突や競争は有り得ない。精神が物質に即して肉の姿を得た後に於て、初めて相互の間に衝突もあり、競争もあるのである。だから、観念は純粋精神でなくして、肉の姿を得たる精神である。其の相互間の衝突や競争は其の如く肉の姿を得て居る所から起るのである。即ち観念は物心相即の活動をするもの、即ち生物である」。

この観念生物説が、渡邊の説く心霊治療法の論拠になっている。『精神統一の心理』(人文書院、大正一五年)で、福来は言う。「生きると云うことは、結局する所、要求が物質上に働きかけて、そこに自己実現して行く過程」であり「只単に物質の運動それ自身が命でない。要求が物質を通じて、自己実現して行く刹那々々のプロセスの流れ、それが生命」である。したがって、強い要求実現の念は、物質それ自体のありようも変える。いわゆる「観念力」である。この理念をもとに、日本心霊学会では次のような治療法が実行された。

まず、活元呼吸という特殊な呼吸法をおこなって「丹田に八分の程度で気力を湛えると、種の波動的震動を起す」。「これが光波震動である。この震動と共に病気を治してやろうとする目的観念を旺盛たらしめねばならぬ。目的観念とは予め構成したる腹案を念想する、つまり一念を凝せば腹案は遂に力としての観念となるものである。而して此観念が術者の全身に伝わり指頭を通じて弱者、即ち病人の疾患部に光波として放射集注するのである。之が終って又呼気を新たにし光波震動を起し病者の心身に光波感応する。此刹那の感応が人心光波の交感である。福来博士の所謂観念力一跳の境である、心霊学者の所謂交霊であり心電感応の現象である」。

渡邊は言う。「心霊治療法とは何ぞやとの問に対し一言に約めて答えればそれは観念力によるのである。即ち術者の念力が機縁となって、被術者の生命力の機能を本然に復帰せしめるのである。従って心霊治療法は観念療法であると云ってよい」と。福来の理論を吸収することで、渡邊の心霊治療法は他の霊術理論と一線を画することに成功した。

ちなみに、日本心霊学会と福来の関係はきわめて密接である。千里眼事件の影響で東京帝国大学を退くこととなった福来友吉は、その後、在野にあっても旺盛な活動を展開していた。大正六年には三田光一を知り、各地で念写実験をおこなうなど、福来は心霊研究に情熱を燃やし続けた。その福来の執筆活動を支えたのが、日本心霊学会である。『透視と念写』（東京宝文館、大正二年）以降に福来がまとめた心霊関係の著述である『生命主義の信仰』（大正一二年）、『観念は生物なり』（大正一四年）、『精神統一の心理』（大正一五年）は、すべて日本心霊学会から刊行されている。『心霊と神秘世界』（昭和七年）もまた、日本心霊学会出版部を前身とする人文書院の刊行である。

福来は大正二年一〇月の東京帝国大学休職以降も、東京に居を構えていた。この時点で、京都を拠点とする日本心霊学会と福来との接点はない。福来が関西と関係を持つのは、高野山に入って密教修行を開始した大正八年以降である。そして大正一〇年に、大阪の私立宣真高等女学校の初代校長に就任している。この頃には、すでに日本心霊学会との関係が生じていたようだ。福来の文章が『日本心霊』に掲載されはじめるからである。「物心関係論の推移」（一三三号、大正一〇年一月一日）がそのスタートにあたる。この連載は途中に「神秘力と批判力」（一三九号、大正一〇年四月一五日）、「福来博士縦横談」（一四〇号、大正一〇年五月一日）を挾んで、一四四号（大正一〇年七月一日）まで都合九回続く。以降、福来はほぼ毎号『日本心霊』に執筆し続けている。ここでの連載記事は、日本心霊学会から出版された一連の著作の下敷きとなった。

二　会員の獲得と組織の構築――『日本心霊　創立十周年記念号』から

それでは日本心霊学会は、福来の理論を基盤にした治療法を掲げつつ、いかにして会員を獲得していったのか。その戦略の一端を、同会の雑誌記事の言説編成から探ってみたい。

日本心霊学会は機関紙『日本心霊』以外にも、節目節目に小冊子や雑誌を刊行している。そのひとつが『日本心霊　創立十周年記念号』（大正六年三月）である。同誌は全二三五頁。目次は、次のとおりである。

十周年の辞
信仰の聖者（編輯部）　聖徳太子・伝教大師・弘法大師・法然上人・親鸞上人・道元禅師・日蓮上人
人生と哲学と科学　井上哲次郎
一般殺生に関する仏の見解　松本文三郎
仏に求め仏に帰せ　近角常観
現代の精神治療と日本心霊　他　川瀬青城　他
会員治療報告

川瀬青城「現代の精神治療と日本心霊」以下、会員による祝辞は四九本。会員治療報告は、実に二九四本にのぼる。また、すでにこの目次構成が物語っているように、『日本心霊』は仏教色が顕著である。会長の渡邊が寺院出身者であることを生かしたのか、日本心霊学会は仏教界に独自の人脈を有していたようだ。それは教団、僧侶といった枠にとどまらない。事実『日本心霊』には、法衣店、仏具専門店、数珠卸商、表具師など、仏事に関連する商店の広告が数多く掲載されている。

こうした仏教への特異な接近の様子は、巻頭に「信仰の聖者」という表題の下、各宗派開祖の紹介記事を載せていることからも窺われる。同会が特定の宗派に拘らない、いわば超派的な組織であるというアピールだろう。この記事のすぐあとには宗教哲学者の井上、仏教美術史研究の松本、真宗大谷派の僧侶で近代日本思想史に大きな影響を与えた近角の文章を掲載し、学問的権威を添えることも忘れていない。ただし井上、松本、近角文には、それぞれ末尾に（文責在記者）とある。彼らに霊術団体の機関誌へ文章を寄せるという意識があったかどうかは、定かでない。

では日本心霊学会は、仏教界にいかなるメリットを提供したのか。この点については、祝辞として寄せられた会員の言説から推測することができる。山崎毎水「心霊療法に関する自己の感想」には、次の一文がある。「社会が仏者に対する報酬なるものは、年々歳々縮小しつつあるは既に識者の認むる所である、先に日本心霊学会の如きもの産れ、現実に仏者の技能を表示し、霊肉二者の慰安を与うるに至りしは、教家の本面目を発揮する、一種の手段として珍重すべき事柄である」。また秋成魁夫「時代の要求」には「文明の日進月歩するは吾人の喜ぶ処なりと雖ども、其反面には至る処生活難の声高く、特に神官、僧侶、中農を以て最とす」とある。

これらの言説は、僧侶の収入が年々減少し生活が苦しくなっていくなかで、それを補う収入源として心霊治療が注目されたことを示している。とはいえ、僧侶が霊術に手を染めることに対する抵抗もあったようだ。塚本哲俊「入会前の疑惑」には「大阪の精神学会などよりの広告を見たる事もあり或は又神秘術などの名称を以て如何がわしき広告の寄贈を受けたることもありて之等は何れも怪しき詐欺的のものなることを知り居れば此の日本心霊学会も矢張り同様のものにて全く世を欺く山師的のものと疑心を起し又邪推をなしたり」とある。

ここに言う「大阪の精神学会」とは、横井無隣が主宰した精神科学会をさすと思われる。精神科学会は明治三七年創立。大阪市東区高麗橋に本部を置き、機関誌「精神時報」を月一回刊行していた。なお当会は催眠術・霊術関連図書の無料貸出サービスをおこなっており、同会のPR雑誌「精神科学実験録」（大正五年八月）には、一三一冊の書籍名とともに「本会に入会せば他会の教授書が皆無料で読まれます」とある。また「神秘術」は、田宮馨の主宰する帝国神秘会が掲げていた「神秘流催眠術」のことだろう。同会も機関誌「神秘」を有し、本部は大阪市東区にあった。こうした団体が「山師」のイメージで見られており、そこからくる不安が僧侶のなかに存在したということになる。

越智敏雄「神仙不及心霊」が「茲に怪しむのは比較的活動のする真宗僧侶の入会の少ないのである。是は定めし現世祈禱や雑行雑修になりはせぬかとの杞憂だろうと思うのである、御安心なさい、決して禁厭や祈禱の様な神秘的なものではない所謂心霊の活動であって至極合理的のものであるから進んで入会して霊肉の救済に努力して宗教家の本文を尽くされたいのである、予は真宗の末徒として我真宗僧の霊動を切望するのである」と述べているのも、浄土真宗内で心霊治療に対する批判的な眼差しが存在したことを物語っているのだろう。

したがって齋藤秀苗「国家と心霊治療」の「吾々宗教家は布教伝道の傍、病者の需に応じ施術し、又出張先等時間の許す限りは布教をなす等霊肉共に救い得て健全なる国民を得るに至らば、即ち富国強兵の実は挙らん、之れ所謂国民且つは宗教家としての任務である」という主張は、こうした批判に対する理論武装として解釈すべきと思われる。心霊治療は合理的な治療法であり、その技術を習得することで人々を霊肉ともに救済することが宗教家の任務であるというレトリックは、祝辞の言説のなかで広く用いられている。こうして会員となった僧侶は積極的な治療活動を展開し、地方の寺院がその舞台となった。

加藤天祥「十周年雑感」は「不肖本会会員として三河支部の光栄を担うてより、既に三歳半、幸なるかな会長閣下の命を奉じ寺務の傍ら出張の数五県二十九カ所病者に接する事四千余の大数に及び復活の新生命を与えたり」とその活動を誇る。また塚本「入会前の疑惑」は「但馬地方を行商したる心霊療法の事実及其効果の偉大なる驚くの外なきこと及び同地方の寺院は殆ど会員になり居ることなど」を、知人の法衣商人から聞いたという。

さらに江尻尚尾「未修得の会員へ」には「本学会の心霊療法の効顕は今更めて申迄もありませぬが、比較的世間に知られていませぬ、私は世の難病者の為に甚だ遺憾に存じまして京都府立第一高等女学校の鴨沂会雑誌にこの治療の安全にして、且つ効果の速かなる事を書きましたら、諸方より斯術堪能者の問合せが続々参ります、その都度会員名簿を繰りて各地方会員若しくは本部分院の紹介をして居ます」という記述がある。公立学校の校友会雑誌が、広告媒体となっていたのだ。寺院、学校という公的な性格を帯びた場を介することで、日本心霊学会は、霊術に内包されていた「山師」的なイメージを払拭し得たはずだ。

このように僧侶が積極的な活動を展開するに至ったのは、日本心霊学会がおこなっていた広告宣伝による会員確保の努力が実を結んだ結果だろう。角岡大善「心霊治療は一大発見なり」に、次の一文がある。

私は大正二年頃に入会し心霊術を会長より相伝せられたが入会の動機は近傍に天理教に熱心の老人ありて病人あれば行て祈禱して治すと云うを聞き其の老人の家内の者に評判の事実を正せば他人様は不思議に直ると云うことですが家内の者には一向に効がありませんとの答を聞き此には何か理屈のあることならん探りて見んと思う矢先きへ心霊学会より浄土教報へ三百名限り自他病気の治療法伝授するとの広告の掲載せられたのを見て此ぞ幸と思い具合良くば御慰み駄目なれば詐欺に遇うたものと前から覚悟を定め大枚金十円郵送すると伝書の送付を受けたれど現今のと異なりて領解に苦しんだが幸なる哉会長閣下の上京の節御面会の栄を得て会長より直接口授心伝を得て未熟乍ら病人を治療するようになり随分沢山の病人を治療せり

天理教の祈禱療法から心霊治療に関心を抱いたという角岡の発言も興味深いが、注目すべきは

「心霊学会より浄土教報へ三百名限り自他病気の治療法伝授するとの広告の掲載されたのを見て」の件である。当時日本心霊学会は、仏教系各誌へ広告を打っていたようなのだ。また、この「三百名限り」という治療法伝授の代金は一〇円だった。さきほど紹介した精神科学会の場合は、直接教授が一〇円、通信教授が五円。帝国神秘会は直接教授が八円、通信教授が二円八〇銭。また清水芳洲の東京心理協会は、特別会員教授料が一〇円、普通会員教授料が二円。変わったところでは、健全哲学館大学病院による遠隔治療法の治療費が、特別で一か月九円、普通で五円である。

このように見てくると、一〇円という代金は、霊術の教授料としては相場なのかも知れない。しかし、大正七年の公務員の初任給が七〇円、銀行員が四〇円、小学校教員が一二〜二〇円だったことを思えば(4)、決して安い金額ではない。にもかかわらず、かなりの数の僧侶が当会に関心を示していることは重視すべきだろう。また「日本心霊紙面の刷新」に「本会の機関紙たる『日本心霊』は毎月二回刊行して、全国七万の寺院に散布せられたり」とあるところを見ると、仏教系各誌への活字媒体による宣伝戦略は、形を変えながら長期にわたっておこなわれていたようだ（詳しくは第三章を参照）。

「日本心霊　創立十周年記念号」からは、次の点を読み取ることができる。まず、僧侶の収入減にともなって、仏教界に副業としての心霊治療の需要が存在したこと。そこから、仏教に特化した形での組織化が図られていたこと。同誌の奥付の記述によれば、日本心霊学会の支局・支部は、北は北海道から南は熊本まで、全国三五箇所に及ぶ。そのうち近畿圏が一八箇所。そして、全ての支局・支部の所在地は寺院である。

ついで、僧侶からみて心霊治療が現世祈禱、雑行雑修にあたるのではないか、という批判に対して、心霊治療は合理的な治療法であり、その技術を習得することで人々を霊肉ともに救済することは宗教家の任務であるという理論武装がなされていたこと。そして、早い段階から「浄土教報」をはじめとする、仏教系各誌へ広告を掲載していたらしいこと。さらに大正六年時点で、毎月二回刊行されていた機関紙「日本心霊」を、全国七万の寺院に送っていると豪語していること。日本心霊学会は、きわめて戦略的に仏教業界へ食い入ろうとしていたのである。

三　人文書院の出版戦略

こうした戦略的なふるまいは、日本心霊学会出版部が人文書院へ切り替わっていく際にも見いだすことができる。日本心霊学会出版部が人文書院に改名したのは昭和二年。それから三年後の昭和五（一九三〇）年一一月に、警視庁は「療術講ニ関スル取締規則」を公布した。以後、同様の規制が全国でおこなわれるようになり、一方で物理的な代替療法や家庭医学的な療法が普及していくことで、昭和一〇年前後から、霊術は徐々にその姿を消していく。その意味で日本心霊学会は、絶妙のタイミングで出版社へスライドしたことになる。

それではこの時期、人文書院はいかなるスタンスで出版にあたっていたのか。試みに、当時の人文書院刊行物に掲載された広告を見てみよう。野村瑞城『霊の活用と治病』（人文書院、昭和六年）の人文書院刊行物の広告ページには、次のような書物が並んでいる。
新刊　石川日出鶴丸序、黒田源次跋、藤岡蔵『近世生理学史概論』
近刊　永井潜著『増補縮刷　人性論』
重版　石川貞吉著『実用精神療法』
一六版　小酒井不木序、野村瑞城著『疾病療養――白隠と夜船閑話』
五版　福来友吉『精神統一の心理』
増補五版　渡邊藤交監修、日本心霊編輯部著『霊の神秘力と病気』
新刊　小酒井不木『医談女談』
重版　小酒井不木序、野村瑞城著『療病秘訣――白隠と遠羅夫釜』
四版　福来友吉『観念は生物なり』
再版　今村新吉講述『神経衰弱に就て』
重版　福来友吉巻頭論文、野村瑞城著『原始人性と文化』
四版　渡邊藤交序、野村瑞城著『霊の活用と治病』
普及版　渡邊藤交監修、日本心霊編輯部著『病は気からの新研究』
普及版　小酒井不木『慢性病治療術』

普及版　今村新吉『神経衰弱とヒステリーの治療法』
普及版　平田元吉『近代心霊学』
重版　永井潜『人及び人の力』
重版　小酒井不木序、野村瑞城著『民間療法と民間薬』

同書の数年前に刊行された野村『白隠と夜船閑話』（日本心霊学会、大正一五年）の巻末書籍広告は『近代心霊学』、福来『生命主義の信仰』、『観念は生物なり』、『神経衰弱に就て』、『霊の神秘力と病気』、『原始人性と文化』、『霊の活用と治病』、『病は気からの新研究』、カーリングトン『現代心霊現象之研究』、『精神統一の心理』だった。両者を比較すると、霊術色がかなり薄まって、ジャンルの広がりを見せていることがわかる。または生理学、精神病理学、療養術などの著書が、霊術系著書を覆い隠しているともいえる。もともとの出自を意識すれば、日本心霊学会の心霊療法を理論的、応用的に補助しうるアカデミズム系の著作が出版されていると考えるべきだが、結果的にアカデミズム系の著作は、広告のなかで霊術関連書と並置されることで、日本心霊学会の主張を側面から補強しているようにも見える。

実際、この出版広告が始まる前のページには、一面を使って日本心霊学会の広告が掲載されている。「難病重傷をも癒す心霊治療法に就て」という見出しの下に「何等の機械、何等の薬品を用いず如何なる病気の治療をも可能ならしめるは我心霊治療法である、本法は本会会長渡邊藤交先生が九死の大患を動機として創案されたので、観念の力を活躍させ且つ渡邊会長独特の霊能顕発方法を以てする等、学術的根拠を有する療病法であり、此治療法により自分の病気は勿論他人の病気をも治療せしむることが出来る」云々とある。こうした日本心霊学会の独自の治療法を、後の出版広告が保証している訳だ。

また石川貞吉『実用精神療法』は「学理及臨床上の研究と実験に照らし、而かも極めて平俗に毫も精神療法の知識なきものにも正しき基礎的概念を与えつつ、古きは催眠術気合術より禅的心理の精神療法的価値に言及し、新しきは暗示法感動療法信仰療法精神分析法説得法其他諸方法を網羅し、卑近なる事実より進んで一々の学説を解し其術式の応用方法を示さる」と、その内容が説明されている。こうした記述は、精神療法の一環として同会の心霊療法を位置付けるものとなる。

執筆者という点で言えば、探偵小説作家としてだけでなく養生法の大家としても知られていた小酒井不木の存在は、同会の心霊療法の実践性を強調するのに有効だったはずだ。「禅門中興の祖たる白隠禅師が肺病と神経衰弱に悩み然かもよく治癒せしめた体験による療病養生法を述べた『夜船閑話』の全本文を平易なる現代語に訳し更に各節に就て其思想内容を現代の心理学及生理学と対照して解釈し」たという『白隠と夜船閑話』が版を重ねたのも、序文を執筆した小酒井の存在を無視できない。

一方、福来友吉の著作群がより直接的に日本心霊学会の中核を担っていたことは、すでに見てきたとおりである。しかしそれだけでなく、彼の主張が大正生命主義の潮流と重なっていたことも重視すべきだろう。福来『観念は生物なり』には「観念即ち心は力であり生物であるが故に色々の事が出来、色々の現象が生じるのであるとの理を各種の実例をあげて通俗に述べられた」「福来博士曰く微妙霊通なる純粋精神は観念化して初めて肉体に作用する力を持つ」という解説文が付けられている。こうした主張は、ウィリアム・ジェイムズ、ベルグソンの反合理主義の思潮に連なる。近代機械論に対する、生命論の系譜である。

さらに東京帝国大学医科大学生理学教室の第二代教授、永井潜は、生命論と優生学の論客として知られていた。彼はヘッケルの流れを汲むドイツ一元論哲学の影響下、物と心は唯一の実在を異なる見地から観察した結果にすぎず、両者は同一の法則の支配下にあるとする精神的一元論を提唱した。大正生命主義の一翼を担っていた永井の言説もまた、霊術の理論的補強になりうるものだった[5]。

そして何よりも今村新吉の存在が、人文書院という出版社の価値評価に大きく寄与している。人文書院の命名者である今村は、京都帝国大学医科大学の精神病学講座初代教授であり、日本における精神病理学の草分け的存在である。彼の権威は福来同様、人文書院が他の霊術団体との差別化を図るうえで大きな役割を果たしたと思われる。また、福来とともに千里眼事件の初期の立て役者だった今村は、心霊治療にも理解を示していた。

今村は「心霊的療法と病者の自覚」(「霊的体験録」所収、日本心霊学会、大正一四年六月)のなかで「心霊治療法は観念療法だと云うが、それは非常によろしい」「以前は私も福来博士などと一緒に念写や透視の研究に熱中した。此事は福来君の念写《マ》と透視《マ》と云う書籍の中に私の研究報告も再録されてある。之等の研究の結果、人間の観応力を基とする心霊治療法も之を善用するとき、正しく且つ力強き根本療法となるであろう」と述べている。また今村『神経衰弱に就て』は、大正一四年六月二七日、京都市公会堂でおこなわれた日本心霊学会創立一八周年記念学術講演会における今村の講演「強迫観念と恐怖心」を口述筆記し、増訂したものである。この講演会では福来も「無我一念精神統一の妙味」という演題で講演をおこなった。同会には、一六〇〇名の聴衆が集ったという。『霊の活用と治病』の広告文には「医家に支払う一日の薬価を此の書のために投ぜよ。されば神薬にも勝る治心療病法を握り得べし。如何わしき霊術屋の所謂秘伝書に勝る、此書は此意味に於て天下至廉の書」とある。アカデミズムに連なる著者たちを抱え込み、また彼らが大正期に注目されていた生命論という思想に連動していたことで、人文書院の出版物は、たしかに「如何わしき霊術屋の所謂秘伝書」とは異なるイメージを与えたはずだ。

かくして人文書院は、霊術的世界から緩やかに離脱し、より広いフレームのなかでの出版活動へと向かうことになる。人文書院が随筆や国文学関連の書物を中心に一気に出版点数を増やし、従来のイメージを一新するのは、昭和九年から一〇年にかけてである（詳しくは第五章参照）。

おわりに

日本心霊学会は、本拠地を置いた京都という地の利を最大限に生かした霊術団体だった。仏教界に深く食い入り、寺院と僧侶を拠点として勢力を拡大した。また京都帝国大学との繋がりは、出版業への移転を容易にした。戦後の人文書院の発展は、こうした日本心霊学会のＤＮＡと無縁ではない。

また近代日本の思想史を考察するうえで、日本心霊学会の軌跡は重要な視点たり得る。たとえば生命論の文脈から、日本心霊学会を通して当時の霊術運動を位置づける試みなどは、今後検討すべき重要な課題だろう。しかしまずは、より詳細な日本心霊学会の動向の確認である。新たに発見された『日本心霊』全号の揃いや、当学会関連の書簡、手紙、帳簿などを含めた資料の分析によって、日本心霊学会が内包していた諸価値を見いだすことができるだろう。

注

（1）近代日本の霊術運動については、井村宏次『新・霊術家の饗宴』心交社（一九九六年）、同『霊術家の黄金時代』ビイング・ネット・プレス（二〇一四年）、一柳『催眠術の日本近代』青弓社（一九九七年）、田邊信太郎・島薗進・弓山達也編『癒しを生きた人々――近代知のオルタナティブ』専修大学出版局（一九九九年）、栗田英彦・塚田穂高・吉永進一編『近現代日本の民間精神療法――不可視なエネルギーの諸相』国書刊行会（二〇一九年）など参照。

（2）前掲『近現代日本の民間精神療法――不可視なエネルギーの諸相』。

（3）注2と同。

（4）週刊朝日編『値段の明治大正昭和風俗史　上』朝日文庫、一九八七年。

（5）　大正生命主義については、鈴木貞美編『大正生命主義と現代』河出書房新社（一九九五年）、同『「生命」で読む日本近代——大正生命主義の誕生と展開』ＮＨＫブックス（一九九六年）、同『生命観の探究——重層する危機のなかで』作品社（二〇〇七年）など参照。

＊なお本論は、一柳「霊術を売る——日本心霊学会の言説戦略をめぐって」（「比較日本文化研究」第一〇号、二〇〇六年）を加筆、訂正した。

コラム1

民間精神療法のなかの日本心霊学会

平野　直子

一　「民間精神療法」と『日本心霊』資料

日本心霊学会会長・渡邊藤交は、機関誌『日本心霊』創刊号「発刊の辞」（一九一五年五月一一月付）において、大正期の社会風潮や海外情勢を憂え、諸問題を克服しようにも日本国民の心身は虚弱すぎると嘆いている。そして（主な読者層と想定する）僧侶らに対し、「既往三百余年前の一般僧侶を見んか　道徳の観念深甚なる上現時の如く病者を医師の手に委ねおらず治病亦其本分と心得居たるなり[1]」と、心の救いに関心を向けるだけではなく、昔の僧侶がしていたように、身体の救いにもあたるべきだと焚きつけている。

ただしここで渡邊がいう、宗教者が担うべきとする「病気治療」とは、近代的な教育を受け国家資格をもった医師による「医療」ではない。この時代、「精神療法」と呼ばれていたタイプの病気治療法である。当時「精神療法」「霊術」と呼ばれていたこれらの治病・健康法は、明治期に二度にわたって起こった催眠術の流行[2]に大きな影響を受けていた。催眠術は「精神に働きかけて、身体を操作する」という発想を広め、それをもとにした病気治療・健康法の一群を生み出すことになった。「精神療法」をうたう治療家らはそれぞれ、催眠術の影響の上に古今東西の伝統宗教や思想、通俗的な科学知識などを織り込み、心と体の相関関係や「精神の統御」の方法を独自のやり方で理論立てようとしていた。

「精神療法」（霊術）団体の多くが戦後活動をやめたため、これらの団体の機関紙がまとまった形で見つかることはこれまでほとんどなかった。『日本心霊』のデータベース化と分析は、日本心霊学会という一霊術団体の詳細を明らかにするだけのものではなく、「民間精神療法」の団体が二十年余にわたって社会の変化とどう向き合い、自らの位置を模索していったのかを体系的にたどる、貴重な研究となる。

二　日本心霊学会とは

（一）「精神療法」団体としての日本心霊学会

「精神療法」団体としての日本心霊学会は、渡邊藤交により一九〇六（明治三九）年創立され、一九一五（大正四）年から一九三九年（昭和一四）まで継続的に機関誌『日本心霊』紙を発行していた。

吉永進一他編（二〇一九）における「精神療法」（霊術）の時代区分では、日本心霊学会は「精神療法中期」（一九〇八～一九二一）の団体と位置付けられている。[3] 同時期の「精神療法」の例としては、田中守平の太霊道や江間俊一の江間式心身鍛錬法、松本道別の人体ラジウム療法、清水芳洲の清水式心理療法などが挙げられている。そのほかには、クリスチャンサイエンスを独自に解釈した鈴木美山の「健全哲学」（一九一四年刊行の『健全の原理』が知られる）もほぼ同時期の例で、「精神療法中期」は、「精神療法」業界全体の最盛期であった。

一九三〇（昭和五）年に刊行された「精神療法家三〇〇人余りのカタログ、『霊術と霊術家――破邪顕正』（清水芳洲が関わっていると推測される「霊界廓清同志会」なる団体が刊行）では、渡邊を中村天風・田中守平に次いで三番目に取りあげ、充実した機関紙を出していることを評価している。『霊術と霊術家』には名前だけの紹介も含めて日本心霊学会のメンバーがほかに七人含まれており、同会が当時の「精神療法」業界の中で一定の存在感を持っていたことを示している。

『霊術と霊術家』では『精神統一』（清水芳洲の編集する雑誌）を引用し、渡邊が木原鬼仏の治療を受けたことをきっかけに治療者への道を歩んだと紹介している。木原は吉永他編（二〇一九）において、精神療法前期（一九〇三～一九〇八）に分類されている治療者である。石原深予（二〇一八）は、木原と渡邊の関係に関するこの記載が『日本心霊』の記事によっても裏づけられることを明らかにしている。[4] これらは通常見えづらい「精神療法」どうしの系譜関係や参照関係（治療者たちがそれぞれ自分の療法は「独創」であると強くアピールするため）が明らかになる貴重な例であり、興味深い。[5]

（二）渡邊藤交（日本心霊学会）による「精神」の理論と治療

渡邊の「自分の療法は独創」という主張にもかかわらず、その治療法の特徴を見れば、日本心霊学会の治療法が当時の「精神療法」の典型的な特徴を示していたことはすぐわかる。[6]

たとえば、当時の「精神療法」は、「心と体、生物と非生物の両方にはたらきかける、何らかの不可視の力（エネルギー）や微小物体がある」という発想を広く共有していた。[7] さらに「精神療法」は、この発想に基づく次のような三つの主張を（論理の精粗や強調点に違いはあれど）もっていた。

（一）世界を「不可視・不可触のもの」と「可視・可触のもの」にわける。

（二）「不可視・不可触のもの」と「可視・可触のもの」の双方に影響する、あるいはその共通要素となる究極存在をおく。

（三）人間の不可視・不可触の部分である「精神」にはたらきかけることで、（二）の究極存在とつながったり同調し、それによって身体（人間の可視・可触の部分）を癒す。

右の主張は、日本心霊学会においてはどのように表現されていたのか。日本心霊学会の基本書籍である『心霊治療秘書』（一九三六・一九版、日本心霊学会。以下、『秘書』と表記）で確認してみよう。『秘書』では、この世界には根本的存在として「大宇宙の精神」があるとされる。これは「我々の四囲に遍満する宇宙的エネルギー」（『秘書』一七頁）で、生命体においては「活力」「生命力」となり、精神活動とも深く結びつく。人間の身体は、この「生命力」や「精神」の影響を受け、方向づけられて動くという点で、単なる物質とは区別される（『秘書』九—一七頁）。ただし「単なる物質」であっても、その存在の根源は「大宇宙の精神」とつながっている。

渡邊は、「不可視の「精神」や「生命力」「エネルギー」と、可視の物体の「見えるもの」と「見えないもの」の根源が同一である」という主張を根拠づけるため、（通俗的に理解された）自然科学の成果、具体的に言うと「電子」の概念を援用する。「実に電子こそ宇宙に遍在し、充満し、それが本源になって一切の物質界の変転は生れ来たり、……電子は最早や「物」ではない。「気」である。力の顕現である。……宇宙万象は電子が活動する姿である」（『秘書』二六頁）とされる。

ではこのような理論をもとにして行われた「心霊治療」とは、具体的にどのような治療法だったのか。『秘書』によれば、身体の状態をよくするためには、精神を健やかにして「生命力」を宇宙より獲得・収集していく必要がある。そのために推奨される技法は、呼吸法[8]である。呼吸を意識的に行うことは、「古来調息法が精神修養の関門として攻究せられた」ことでわかるように、精神にはたらきかけるための技法なのだ（『秘書』一七一頁)。

日本心霊学会で指導される呼吸法は「活元呼吸」と呼ばれ、丹田に気力を湛えると、身体が意図せず動き出す「自動運動」が起こるとされている。この自動運動は「光波振動」といわれ、「目的観念」(「腹案」として言語化する)への心身の完全な同一化と集中によって現れるとされた。「光波振動」が起こる状態では、心と体・自分と他者の境がなくなり、「観念」が「光波」として放射され、それを病者にあてることで「療病の目的が達せられる」とされる(『秘書』二八八―二九三頁)。

要するに、呼吸法によって精神(人間の不可視の領域)を操作し、その「精神のエネルギー」によって自己や他者の癒しを行う、というのが基本的な「治療」の方針である。このような呼吸法や一種の瞑想を伴う「治療」のスタイルも、当時の「精神療法」に幅広く見られるものだった。

渡邊がこの「心霊治療」を考案するプロセスについては『秘書』による説明がある。白隠禅師の『夜船閑話』や「広く典籍祖録に徴し、且つ内外の科学、哲学、医学、心理学の書籍に親み、日夜研鑽に研鑽を重ね、実習に実究を加え」(『秘書』序説五頁)、また先行するさまざまな「精神療法」からも影響を受け、独自の療法を開発したということだ。その上で彼は生命現象を、「見ることの出来ぬ霊が、見える物質に即して自己を実現せんとする」ものであるとする(『秘書』一五頁)が、ここには人間の心身活動の目的を「生命実現の合目的活動」に求めるという福来友吉の「観念生物説」の影響がある。[9] 日本心霊学会に対する福来の影響の大きさは『日本心霊』にも見られ、刊行中全期間にわたってその消息が掲載されている。

三 『日本心霊』記事に見る「精神療法」業界と社会

渡邊は『秘書』のなかで、「心霊治療法」が精神療法のひとつであると認めている（『秘書』一〇七頁）。しかし同時期に展開した「療法」団体であっても、その理論や技法のアイデアの出所や、どの層にどの方法でアピールするかによって、それぞれ違った特徴を持った[10]。日本心霊学会について言えば、『日本心霊』紙の記事や広告（仏教界・宗教界関連が多い）からわかるように、明確な顧客ターゲットがあったことが団体としての大きな特徴である。この特徴は、京都の寺院で奉公し浄土宗専門学院（佛教大学の前身）で学んだという経歴に由来するが、これによって機関紙の安定した発行をおこないえたというのは、日本心霊学会がほかの精神療法団体と違う道をたどることができた一因だろう。

その他『日本心霊』の記事からは、たとえば「精神療法」前期に「霊気説」をとなえてその後の療法に影響を与えた玉利喜造との交流[11]や、一九二二年に臼井甕男が「臼井霊気療法」を考案する舞台となった鞍馬寺の住職、信楽眞晃（一八六二〜一九一九）が「心霊学会会員」として頻繁に投稿していることなど、当時の「精神療法」業界との（直接間接の）意外な交流がみてとれる。

また一九一九年から一九二一年の記事では、医師法の改正について大きな関心が示されており、「精神療法」業界が当時の医療行政の動向を注視し、自分たちの立ち位置について模索していたことがわかる。

日本心霊学会は当時の「霊術」「精神療法」の特徴をよく表し、またほかの「霊術」「精神療法」もしくはその周辺にあった文化現象と参照しあう存在であった。『日本心霊』の記事からは、その実像が明らかになるのと同時に、当時の「霊術」「精神療法団体」が社会の動きとどう関わってきたかを知ることもできるのである。

（1）以下、引用文の仮名遣いは現代のものに改めて表記する。

（2）一柳廣孝（二〇〇六）「霊術を売る――日本心霊学会の言説戦略をめぐって」『比較日本文化研究』（一〇）、九―二六、同（一九九七）『催眠術の日本近代』青弓社。

（3）吉永進一他編（二〇一九）『近現代日本の民間精神療法――不可視なエネルギーの諸相』国書刊行会。

（4）石原深予（二〇一八）「編集者清水正光と戦前期人文書院における日本文学関係出版――日本心霊学会から人文書院へ」『和漢語文研究』第一六号、二四―五六。

（5）たとえば『日本心霊』五二号（一九一七年九月一日付）において、日本心霊学会は渡邊が木原の「気合術」を学んだことは認めつつ、同会の「心霊療法」は渡邊の「創見」であると主張する。同記事は、「木原が自団体の刊行物（『心霊界』）において、渡邊の療法は自分の療法を元にしていると吹聴しているが、これは真っ赤な嘘だ」と抗議している。

（6）「心霊」という熟語は現在、欧米の近代スピリチュアリズムに関連して使われることが多いため、一見すると「心霊治療」は、死後生の問題や人格を持った霊との交流と関係がありそうに思われる。しかし日本心霊学会における「心霊治療」における「心霊」は、「精神療法」における「精神」「霊」とほぼ同じ使われ方である。

（7）たとえば「精神療法」の代表格といわれる太霊道であれば、「霊子」の理論がそれにあたる。「霊子」は宇宙の根本存在である「太霊」の一部であり、宇宙にあまねく満ちていて、不可視・不可触の存在（エネルギー、精神など）と可視・可触の存在（物体）の両方のもととなる微小物質とされていた。太霊道は、講習を受けて呼吸や坐法、詠唱などの技法を学び、実践することで、「霊子を活性化」して直接手を触れていないものを動かしたり（超常能力の開発）、病気を治療したりできるようになる、とうたっていた。

（8）渡邊はこの治療法を説明する箇所で、二木式腹式呼吸法・岡田式静坐法・藤田霊斎の調和道丹田呼吸法などの同時代の呼吸法にもふれている。ここにも同時代の「精神療法」どうしの相互参照関係が見て取れる。

(9) 一柳(二〇〇六)、石原上掲書。なおこの説は、人文書院刊行の福来友吉(一九二五)『観念は生物なり』に見られる。

(10) たとえば雑誌の購読を活動の中心に据える健全哲学や通信教育と講習を組み合わせる太霊道は、新聞広告などで多くの人を集め、口伝と実習が中心であった臼井霊気療法学会(レイキの源流となる団体)では、口コミで集まった人々による小集団活動が行われていたようだ。

(11) 一二九号には玉利霊気説の記事、一三三号には玉利の談話、一六〇号には玉利の勅撰議員就任の記事、また三六五号にも玉利の投稿記事がある。

第二章　日本の心霊研究と精神療法

吉永　進一

超常現象を調査する超心理学（パラサイコロジー）が生まれたのは、一九三〇年代のことである。統計を駆使し、人間心理に問題を限定したことで、超常現象を科学的に立証しようとした。これが成功したか否かは、意見の分かれるところだろうが、人が超常現象にこだわり続けてきたということは確かである。

科学的な研究は一八世紀末の催眠術の誕生にはじまる。催眠術は、一九世紀半ば、アメリカで心霊現象をもとにした信仰体系（スピリチュアリズム）をもたらし、一八八二年にイギリスで心霊研究協会が結成され、心霊現象の科学的研究が開始されている。欧米では、催眠術から超心理学まで、科学の境界線上での議論が続けられ、それ自身の成果は不毛であったとしても、エレンベルガーが論じたように、霊媒研究が多重人格研究や力動精神医学をもたらしている。

一方、日本では、催眠術につづいて心霊研究が輸入され、科学的な実験も早くから実現している。

それにもかかわらず、いずれも学術研究の領域から追放され、わずかな例外をのぞいて、多重人格研究や無意識の発見につながることはなく、大学や病院での催眠術研究が日本独自の精神療法を発達させることもほとんどなかった。欧米での議論が（細々としたものではあれ）持続的に行われているのに対して、日本では欧米の流行を受けて断続的に議論されたにすぎない。とはいえ、日本人が自然科学の優等生であったというわけではなく、大学の心理学科や精神病院といった制度の外では、催眠術や日本独自の「精神療法」が盛んにおこなわれ、心霊能力養成のカリキュラムさえ存在した。

以下、催眠術から心霊研究まで、宗教文化のうえに西洋の自然科学がどう接合されたのか、明治の歴史をたどってみたい。

一　催眠術と心霊研究

日本に紹介された催眠術と心霊研究とは、どのようなものだったのか、それを知るには、一九世紀の催眠術がどういうものであったかを知っておく必要がある。

一七七四年、ウィーンの医師フランツ・アントン・メスマーは、磁石を患者の身体に近づけると患者が反応することを発見している。彼はそれを単なる磁力ではなく、宇宙に充満する流体の作用だと考え、この流体を鉱物の磁気と区別して動物磁気と名づけた。これが催眠術の始まりであり、精神と人間と世界の不可解さに光を照らそうという見果てぬ夢の出発点となった事件である。

メスマーが創始し、動物磁気説やメスメリズムと呼ばれた治療法は、現在私たちが知っている催眠術とはかなり異なっている。治療者は指先から患者に動物磁気という不可視の流体を伝える、患者の身体に磁気がたまると、分利（クリーズ）と呼ばれる痙攣発作が起きる、そして病気は治癒される、というのがその治療の原理であった。言葉による暗示も心の内面も関係しない、フィジカル（物理的、身体的）な療法である。当時、身体を痙攣させる治療法は、動物磁気以外にも二種類あった。ひとつは悪魔祓いによるもので、もうひとつはすでに実用化されていた電気療法である。エクソシズムに比べてみれば、メスメリズムは合理的であり、物理的な身体操作法という点で電気療法と差はなかった。ただし、電気と異なり、動物磁気の存在は物理学的に検証できるものではない。そのために、この理論は同時代のフランス・アカデミーから非難を浴びる。それは想像力の作用にすぎない、というのがアカデミーの言い分であった。

このように磁気流体説は、登場後間もなく科学からは否定され、正統的心理療法の歴史からは、進化の過程から脱落した絶滅種のように扱われている。しかし、民間催眠術ではその後も長く信奉されている。それればかりか、同様の生命エネルギーは名前を変えてくりかえし「発見」されている。たとえば一九世紀半ばに高名な科学者ライヘンバッハが発見したオド力、あるいは二〇世紀に入って精神分析医ヴィルヘルム・ライヒの発見したオルゴン・エネルギーがその代表的なものであり、現代の気功やレイキもその流れの中に位置する。

一方、動物磁気の心理化を大きく進めた人物は、メスマーの弟子、フランス人ピュイセギュール侯爵である。彼は、覚醒とも睡眠ともつかない催眠術独特の心理状態を発見しただけでなく、催眠状態になった被験者が透視能力を発揮することも発見し、その透視能力を活用して病気診断を行っている。つまり、催眠術に超常現象がともなうことは、初期から知られていたわけである。ピュイセギュールは、治療者の信念や意志こそが治療の鍵であることを理解していたが、しかし流体説を捨てることはなかった。

一九世紀半ば、最終的に動物磁気の存在を否定したのは、イギリス人外科医ジェイムズ・ブレイドであった。彼は被術者の心理作用によって催眠現象が起こると主張し、「催眠術」という語を造語した。また、被術者に光る物体を凝視させて催眠状態を誘導する凝視法を提唱している。一九世紀後半になると、かつてメスメリズムを否定したフランスで催眠術研究が盛んになっている。神経医学の権威であったシャルコーは、催眠状態は病的な現象であり、身体の異常によるという生理説をとなえ、金属などの刺激で催眠現象は起こるとさえ唱えた。他方、ナンシー市近郊在住の開業医リエボーは、ブレイドの心理的理論を発展させ、言語暗示を用いる催眠術を開発している。リエボーや、彼の催眠術に影響を受けたベルネームは、万人に催眠現象は起こること、それは心理的な原因であることを主張してシャルコーと対立し、一八八〇年代には両者の間には一大論争が引き起こされている。この論争は、最終的にはベルネームらのナンシー学派が優性となり、言語暗示を用いる催眠が近代的催眠術の標準となっている。

この催眠術論争が最盛期を迎えた一八八〇年代は心の科学にとってスリリングな時代であった。

この時期、イギリスではメスメリズムから派生したもうひとつの研究が生まれている。一八八二年、ケンブリッジ大出身者を中心として結成された心霊研究協会である。一八四八年にアメリカで発生したスピリチュアリズムはまたたくまに西洋社会に広まっている。テーブルターニングやプランシェットのような霊と交流する方法が流行し、霊媒による交霊会も盛んに開かれた。社会現象としてのスピリチュアリズムはアメリカ生まれであるが、霊媒による霊との交流は、すでに一九世紀前半、ヨーロッパで始まっている。もとは催眠状態の透視能力者が霊界を透視し、死者霊との交信を伝えたことに始まるが、メスメリズムとスピリチュアリズムの大きな違いは、前者は生者の精神力を強調し、後者は死者霊の存続によって超常的現象を説明しようとした点にある。これについて、一九世紀後半、学者たちの態度は二つに分かれた。ひとつはウィリアム・ベンジャミン・カーペンターをはじめとする生理学的な心理学者たちで、心霊実験を心理的、生理的現象として説明しようとした。超常的な原因を考えなくても、すべては既知の科学法則で解明できるという立場である。一方、心霊研究協会に集まった人々は、霊魂説には懐疑的、批判的であったが、科学説にも完全には同意できなかった。生者の精神にはテレパシーや透視などの超常的能力があり、宇宙には日常を超えた次元がある――そのメカニズムは解明できないにせよ、調査結果を積み重ねていくと、否定はできないのではないか、というのが彼らの主張であった。代表的な心霊研究家F・W・H・マイヤーズは、テレパシー説をさらに敷衍して、人間個々の精神がその根底の次元でつながっているとする、サブリミナル意識説を唱えている。この説にはすでに先駆があり、一九世紀前半ドイツ＝ロマン派のユング＝シュティリングの説では、動物磁気が個々の霊魂をつないでいるとされていた。マイヤーズの説は、ロマン派の宇宙論を心理学的な用語で説明しなおしたものともいえる。そして、その説は、奇妙にも日本の霊術家の説と共鳴していることは後述する。

二　日本の催眠術と心霊研究、その濫觴

さて、日本の催眠術や心霊研究の展開も、こうした西洋の動向と無関係ではなかった。日本に催眠術が本格的に紹介されたのは、明治二〇年（一八八七）前後からである。つまりフランスでの催眠術論争がナンシー派心理説優勢で決着しかけていたころであり、イギリスで心霊研究が知識人の関心を集めていたころになる。

明治一八年（一八八五）、実業家で後に「男爵イモ」を日本に移入したことで知られる川田龍吉とおぼしき人物が、小石川の自邸で公開実験を行なっている。彼はグラスゴー留学中に催眠術を学んでいる。また、同年、医師で後に実業家、政治家となる鈴木萬次郎が『動物電気概論』という著書を翻訳している（なお彼の診療所では精神病も治療していたが、そこで催眠術を利用していたかどうかは不明）。明治一九年（一八八六）には、東大医学部の生理学教授、大澤謙二がドイツでの見聞などをもとにして、催眠術についての講演を行なっている。あるいは、元蘭学医の馬島東伯が、この時期に日本で最初の催眠術治療院を開設している。

この時期、もっとも熱心に催眠術を紹介した人物は井上円了であろう。円了は、新潟県の浄土真宗の寺院に生まれ、東本願寺の援助で東大文学部哲学科に学んだ、宗門のエリートであった。彼は真理を求めて哲学を学び、最終的に仏教こそ最高の哲学という確信を得て、『真理金針』『仏教活論序論』などのキリスト教批判、仏教擁護論を発表しているが、彼の仏教論は、ベストセラーとなり、その後の仏教改革運動に大きな影響を及ぼしている。明治一七年（一八八四）には東大周辺の知識人に呼びかけて哲学会を設立、その機関誌『哲学会雑誌』には、こっくりさん、催眠術、心霊研究などの記事が多く掲載され、夏目漱石もハートの「催眠術」を同誌上に訳出している。明治二〇年には出版社、哲学書院を設立し、哲学館（後の東洋大学）を開いている。円了は、馬島東伯を哲学館に招いて実験を行い、哲学館講義録（通信教育用テキスト）の一冊として、自らの心理療法論を添えて、馬島の催眠術論を出版した。

円了がなぜ、催眠術や異常心理学に関心を抱いたのか。

まず、東大ではすでに外山正一が、イギリスの心理学者カーペンターの著書を教科書として用いて、スピリチュアリズム、催眠術について講義している。明治二〇年、円了は「こっくりさん」を調査して生理的、心理的な現象として解明して『釈門哲学叢誌』『哲学会雑誌』に発表しているが、その理論はカーペンターによるテーブルターニング理論の翻案であった。つまり、円了は外山の授業を受けて、カーペンターのようなイギリスの最先端の心理学を知り、それを日本の現象に応用したということである。

さらに、これはよく知られているように、彼の理想がある。彼のモットーは、護国愛理という。科学的知識で啓蒙された国民の養成が、国家の発展に必要であるという理念があった。こっくりさん調査から始まる彼の迷信批判は、後に大著『妖怪学講義』に結実する。

しかし、円了は宗教を否定しようとしたのではない。彼は公的な知としては科学的思考の重要性を主張しながらも、私的な領域では宗教（仏教）的信仰を強調している。医療についても、まず科学的な西洋医学に依拠するべきとされる。しかし、そのうえで、催眠術を含む心理療法（心による治療）を物理療法（薬物を用いる治療）の重要な補完物としている。そして、神仏の信仰による治病は、この心理療法の一種であったとも述べている。つまり、一方で迷信を排除しながらも、正しい神仏への信仰による治療については、改めて心理学によって根拠づけようとしたわけである。

円了のこのような両面作戦（迷信否定、心理療法）を支えたのは、科学的というよりは、祈禱を排除する浄土真宗のエートスに由来するともいえる。彼は、仏教的な究極的な実在である真如こそが真の妖怪であり、それに対する信仰はゆるぎない安心立命をもたらす、最高の心理療法であるとも述べている。円了は、世界を脱呪術化し、近代的な「こころ」観をもたらし、宗教的治療を心理学で根拠づけようとしたのである。

円了の心理療法研究は、東大の精神科教授であった呉秀三に影響を与えたと言われる。さらに呉は、森田正馬に影響を与えている。あるいは、円了の迷信批判は、若手仏教者に影響を与え、『新仏教』誌を中心とする仏教改革運動でも迷信否定をうたっていた。この『新仏教』の中心人物の一人、杉村楚人冠の弟子で同誌の編集を務めた中村古峡は、『変態心理』誌を創刊して迷信批判を展開、催眠術を学び心理療法を実践し、森田正馬に協力している。森田、中村という、戦前、数少ない「科学的」精神療法の研究者は、円了の後継者に位置づけられよう。しかし円了を追いかけるように、より呪術的な催眠術解釈が提唱され、大正時代に全盛期を迎える精神療法（霊術）の出現につながっている。

三　催眠術の土着化と魔術化

近世の日本には、密教や修験、御嶽講などの魔術＝宗教的治病法は豊富にあった。しかし、明治維新以降、それらの宗教的治病者たちは衰退の一途をたどっている。修験は明治初年以来の廃仏毀釈、明治五年（一八七二）の修験宗の解体などで打撃を被り、霊媒や祈禱についても次のような禁止令を受けている。

明治六年（一八七三）教部省第二号達　梓巫市子憑祈禱狐下ケ等ノ所業禁止ノ件
明治七年（一八七四）教部省通達第二二号　禁厭祈禱ヲ以テ医薬ヲ妨タル者ノ取締ノ件

修験者、実利上人《じつかが》は、那智の滝に身を投じて、最後の捨身行を行ったのが明治一五年（一八八二）

である。この明治一〇年代後半、アメリカから「こっくりさん」が入ってきたことは象徴的な事件ではなかったか。

井村宏次の研究によれば、明治初期以降、失業した修験たち、あるいは修験の姿をした大道芸人や香具師が祭りの縁日などで危険術（刀を身体にあててしごく、腕に針をさすなど）や奇蹟術（ロープの縄抜け）を演じるといった光景がそこかしこで見られ、その中のレパートリーが後の霊術や精神療法に受け継がれたのではないかという。確かに、桑原俊郎は、その著書『精神霊動』の中で、行者たちの危険術を模倣してみせて、それを「精神力」という言葉で置き換えて説明している。

日本的精神療法は、気合術をよく用いるが、これも修験によって一般に広まったのではないかと井村は指摘している。気合を駆使した代表的な都市型の修験に濱口熊嶽がいる。彼が各地を巡業して、気合術による治療を行なうのは明治三〇年代に入ってからである。

彼は三重県長島の生まれで、自伝『摩訶不思議』によれば、幼い頃に那智の山中にいざなわれ、実川上人なる人物に術を学んだとされる。上人は那智の滝に身を投じたことになっており、実利上人と名前、場所、捨身行などの共通点はあるが想像の域を出ない。ただ確かなことは、一時は修験の一派醍醐派で得度し、寺院の住職のなった時期もあるが、寺を離れて行者として各地で治療にあたったことである。その効果の原因はどうあれ、明治、大正、昭和にかけて活躍し、広壮な屋敷を構え弟子や書生を養い、地元に寄付をするほどに患者がつめかけた。西洋医学が普及しはじめたにもかかわらず、人々は修験の消えた後も、宗教的治病を求め続けていた。

催眠術はこうした空白に入り込み、変容していった結果、精神療法あるいは霊術に発展していくのだが、その最初のメルクマールとなる出版物は近藤嘉三『魔術と催眠術』であった。近藤はおそらく女子教育に関係していた人物で、神道界に人脈を持つ知識人だろうと推定される。この著書は、催眠術の理論と技法について要領よくまとめただけでなく、催眠術と魔術を区別し、魔術はすべての人に備わっている、精神作用の「感通力」が魔術の正体であり、それが治癒を引き起こすと近藤は説く。

近藤は、伝統宗教の修法や祈禱、神仏の感応による治療などの奇蹟も魔術つまり精神力によって起こされたと述べる。つまり、加持祈禱などの行法に、生理学的、心理学的な根拠を与えようとしたとも言えるし、あるいは後の精神霊動術につながるような、催眠術師による新たな魔術の誕生につながったとも言えよう。

本書は当時の若い読者に読まれたようで、出版元が発行していた少年向け投稿誌には実験談が投稿されている。出版物→読者→実験→投稿→出版物、という回路で読者を巻き込んで反響を拡大させたのは、この著作が最初であり、その後、催眠術雑誌や書籍などでは盛んに実験録を載せるようになる。一部の知識人層を越えて若年層まで催眠術を広め、桑原俊郎を催眠術へ誘ったというだけでなく、催眠術が翻訳紹介から日本独自の展開へとターンを切ったのは、この書の功績である。

四　催眠術の興隆と変容

「催眠術」を題名に含む単行本の数は、国会図書館の図書目録によると以下のように推移している（左頁表）。明治三六年（一九〇三）から三年間がいかに突出しているかは明らかだろう。

流行の兆しは明治三五年（一九〇二）から見られる。同年、元良勇次郎の弟子、花沢浮洲が『催眠術』を執筆出版している。またアメリカから帰国した哲学博士、山口三之助が帝国教育会で催眠術について講演を行なっている。明治三六年に入ると『教育時論』の六四二号（二月一五日号）から六五二号（五月二五日号）まで、桑原俊郎は「催眠術に就て」を連載している。教育界内部のことではあったが、学校教員から大きな反響を得ている。この連載を元に、『教育時論』の出版元の開発社から単行本『精神霊動』を出版してベストセラーとなっている。そして、竹内楠三の『学理応用　催眠術自在』（大学館、一九〇三）が出版直後から爆発的に売れた。それに続いて堰を切ったように催眠書ブームが起こっている。

竹内楠三（一八六七―一九二一）は、東大文学部選科で学び、一時期はユニテリアンに所属し、成田中学校長を勤めた時期もある。初期は倫理学や心理学の著作を執筆、明治三〇年代前半は『哲学雑誌』にも盛んに寄稿し、木村鷹太郎らと日本主義を興して、盛んに国家至上主義を唱えた時期もあった。

年	1902	1903	1904	1905	1906	1907	1908	1909	1910	1911
出版点数	1	13	22	13	8	8	8	8	10	5

この竹内楠三を擁した大学館が、催眠術書を最も積極的に出版していた。同社は、『催眠術自在』に続いてその姉妹編の『実用催眠学』（一九〇三）、心霊研究書『近世天眼通実験研究』（一九〇三）、翌年には『催眠術矯癖自在』（一九〇四）、『催眠術治療自在』（一九〇四）、『動物催眠術』（一九〇四）を出版、さらに明治三七年（一九〇四）には竹内を主筆に据えて月刊誌『催眠術』を創刊している。しかし、この後、竹内は催眠術書を出版していない。明治四三年（一九一〇）には『催眠術の危険』（二松堂書店）を著して批判に回っている。

竹内に代わって翻訳家、渋江保（易軒）が大学館より催眠書を出版している。渋江保（一八五七―一九三〇）は幕末の医家、渋江抽斎の嗣子で、高等師範学校の第一期卒業生である。英語に通じ、若い頃から翻訳家として活躍。明治二三年（一八九〇）以降は、博文館より通俗教育全書や寸珍百種といった大衆向け啓蒙書シリーズで多数の翻訳を出している。明治三七年（一九〇四）からは、押川春浪の抜けた大学館に移り、羽化仙史の筆名で冒険怪奇小説を多数執筆している。催眠術だけでなく、心霊研究の著作も、渋江易軒名義で翻訳しており、『以心伝心術』『斬新催眠術』『降神術』（以上、一九〇八）、『自己催眠術自在』『人心磁力催眠術』『以心伝心術独習』『神通力』『諸病治療催眠術』『接神術』『火星界の実況』（以上、一九〇九）がある。

しかし、独創的、実践的という点、また影響力という点では、桑原俊郎がぬきんでていた。桑原は岐阜県和知村の生まれで、高等師範学校に学び、静岡師範学校の漢文教師となる。明治三二年（一八九九）、偶然『魔術と催眠術』を読み、実践しはじめたところ短期間で熟達しただけでなく、病気治しに成功する。催眠被験者による千里眼実験にも成功、修験の危険術も精神力だけで成功、さらには念力で物体を動かすことができた。少なくとも彼は、その著書『精神霊動』中でそのように書き、そして多くの読者がそれを受け入れた。

桑原は自分の知見が実験によっているものと述べているが、近藤の『魔術と催眠術』に影響を受けているのは明らかである。精神に超常的な能力があること、催眠術とは区別される精神霊動術によって治病すること、言語暗示や催眠誘導がなくても、施術者の念だけで治療効果があることなど、近藤と共通している。しかも字面だけではなく、実際に自分自身が治療を行なった（と彼は語っている）。

桑原は理論面では、東大経由で伝えられる西洋の心理学とは別個の、儒教、仏教などの用語と概念を利用した東洋的な心理学を樹立することを目指していた。その基本にあるのは、動くものにはすべて精神が宿り、宇宙全体は大きな我をなしているという汎心論的な説であり、個人の心に心理学があるように、宇宙にも心理学があり、宗教とは宇宙心理学である、個人の我、つまり小我は、その根柢で宇宙＝大我とつながっている、小我と大我を一致させることで、人間の精神は超常的な能力が発揮できるという。これは同時代の心霊研究家F・W・H・マイヤーズのサブリミナル意識説（無意識層で個々人の意識はつながっているというユングの集合無意識説の先駆をなす仮説）とも近い。

桑原はマイヤーズとは別個にサブリミナル意識説と同様の理論を組み立てたが、西洋の最先端の心霊研究と一致していることは知っていて、自らの論の権威づけとしている。

桑原の著書『精神霊動』全三巻（開発社、一九〇三―〇四）はベストセラーになり、精神研究会を組織、宅間巖、岸本一念、中堂謙吉、松橋吉之助などの後継者を養成している。ただし、桑原が若くして亡くなったこと、そして治療法の面では、彼の技法は乗り越えられていったこともあり、その名前は次第に忘れ去られていった。しかし、彼の療法を指して使った「霊術」という名称は、その後も使われている（ただし、ここでいう霊とは霊妙な、すばらしい、という意味にすぎない）。また、桑原が精神力と呼んだものは一種のエネルギーであり精神とは不可思議な力を持つ存在であった。その拡張された「精神」概念は、精神療法あるいは霊術を、かつて修験道などの治病宗教の担っていた宗教とも治療ともつかない領域に据え、大正時代の日本に多くの代替療法家が出現する地盤を構築したのである。

五　催眠術師の勃興と衰退

明治三六年（一九〇三）から明治末年（正確には一九一二年）まで、国会図書館に所蔵されている催眠術書から、催眠治療を行なったと思われる著者を数えてみると、少なくとも三一名の催眠術師がいた。所在地も、松江、広島、柏崎（新潟）、別府などがあり、地方都市でも催眠師が営業できるほどに需要があったということがわかる。しかも明治四二年（一九〇九）頃よりニューヨーク州ロチェスターに本部を置く紐育理学会（New York Institute of Science）なるアメリカの催眠術団体までも、日本での催眠術の通信教育を開始している。

これらの中で最も学究的な人物は小野福平で、彼は明治元年（一八六八）、香川県琴平に生まれ、明治二八年（一八九五）に催眠術を志す。明治三三年（一九〇〇）大日本催眠術奨励会を発足させ、明治三六年（一九〇三）一一月に会報を創刊、明治三七年（一九〇四）八月には会の名称を大日本催眠学会に変更し、雑誌『催眠学界』を創刊している。小野は独学ながら研究熱心で、元良勇次郎、福来友吉、呉秀三、大谷周庵（長崎医専教授）などの学者と連携して研究を進め、後に福来の『催眠心理学』とならぶ大著『小野催眠学』を上梓しているが、明治四四年（一九一一）一一月一六日、四四歳で心臓麻痺で死去している。

一方、最も経営に長けていた人物は古屋景晴（鉄石）である。彼は大日本催眠術協会を主宰しており、『驚神的大魔術』『女催眠術師』など俗受けする題名の本を多数出版していた。古屋は、山梨県の農家に生まれ、法律学を修め一時は雑誌記者として生計を立てる。大審院判事の古賀廉造よりメスメリズムについて教えを受け、その後書籍で術を学び、病気治療を行っていたという。本人の主張では明治三〇年（一八九七）頃より催眠術師として活躍を始めたということになっている。明治三六年（一九〇三）に「大日本催眠術協会」を創立（一九〇七年に精神研究会に改称）、プランセットが話題になればすぐにアメリカ製の品物を模造して売り出し、紐育理学会が催眠凝視球を宣伝す

2　催眠術ブーム

明治時代、2度の催眠術ブームがありました。明治20年代には、舶来の珍奇な技術として、また、操られるようすがおかしみを誘うことから見世物的に愛好されました。続く、明治30年代後半からのブームでは、多くのハウツー本が刊行されて、インテリ層や教育者などが自ら施術することに夢中になりました。その中で、催眠という異常な心理状態でさまざまなふしぎ現象が観察され、変態心理(異常心理)研究や霊術ブームなどにつながっていきます。

2−1　催眠球

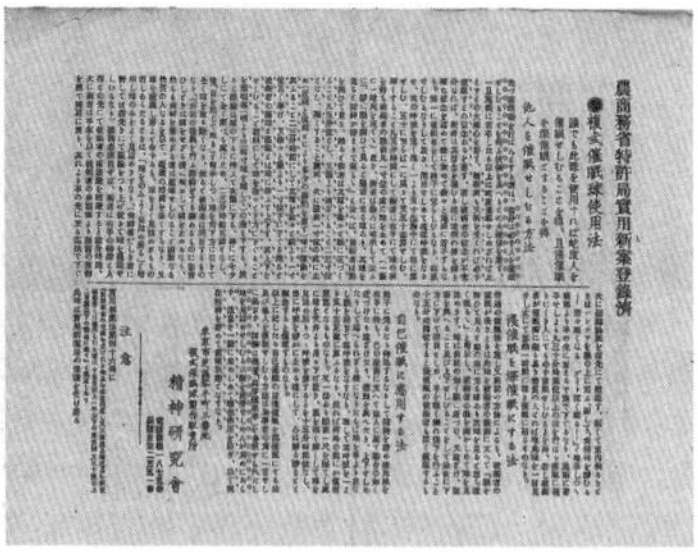

複式催眠球と付属の取り扱い説明書
精神研究会
明治時代
個人蔵
撮影：山田庄一

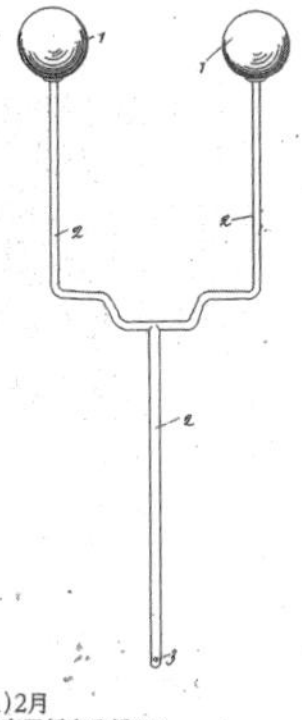

第一九七〇九號　複式催眠球

二十四

登錄實用新案第一九七〇九號　第百三十四類　出願 明治四十三年九月七日　登錄 明治四十四年二月二十五日

山梨縣東山梨郡松里村二千八百九十六番地本籍
東京市芝區愛宕町二丁目二番地寄留
實用新案權者(考案者)　古屋景晴

複式催眠球

登錄請求ノ範圍　圖面ニ示ス如キ複式催眠球全體ノ構造

圖面ノ說明　圖面ハ本品全體ノ平面圖ニシテ工ハ徑約六分ノ表面ニ光輝ヲ有セシメタル金鍍ノ催眠球ヲ左右ノ目ニ對向スル様間隔ヲ有セシメ取附ケ光輝ヲ消シタル黒色ノ把柄杆ハ把柄杆ノ通孔ナリ

本品ハ催眠術用器具ニシテ其ノ使用法ハ把柄杆ヲ持チ被術者ノ左右目ト兩催眠球トヲ對向セシメ被術者目ヨリ約一寸以內離レタル範圍內ニテ靜カニ左右上下ニ動搖スレハ被術者ノ注意悉ク球ニ集マリ精神大ス此ノ時球ヲ徐々ニ目ヨリ遠ナケ又ハ近ツケ終ニ球ヲ下クルトキハ瞼ハ段々細クナリ閉目スルニ至己催眠ヲ行フニハ通孔ニ紐ヲ通シ天井ヨリ適宜ノ位置ニ吊下ケ見詰ムルナリ

催眠法トシテ球ヲ見詰メシムルハ被術者ノ腦神經ヲ疲勞セシメンカ為ニアラスシテ注意ヲ球ニ集中セ雜念ノ起ルヲ除キ以テ一念無想即チ催眠狀態ニ導クニアリ故ニ本品ハ容易ク催眠ヲ行ヒ得セシメ被術少シモ痛苦疲勞ヲ感セシムルコトナキ新規ノ考案ナリトス

二十三

特許明細書
古屋景晴
明治44(1911)2月
画像：特許・実用新案公報DB

複式催眠球は催眠術をかけやすくするための道具で、多くの催眠術本を著した古屋鉄石が実用新案特許を登録しています。古屋は精神研究会を組織して、出版のほか催眠術の講習会を実施するなど盛んに活動していました。

図１　催眠球の説明（『特別展 奇なるものへの挑戦――明治大正／異端の科学』岐阜県博物館、2014年、６頁）

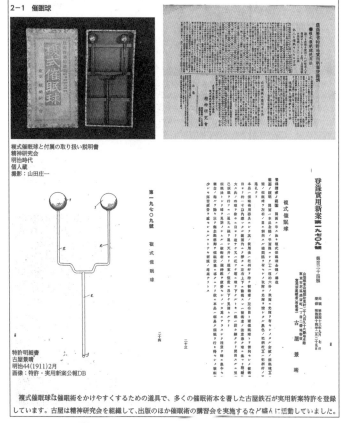

れば、すかさず複式催眠球を発売している（図1参照）。その著作に独創性は乏しいが、公開実験、治療、通信教育など、大日本催眠術協会の営業方法はその後の催眠術や霊術の団体に影響を及ぼしており、檜山鉄心（鋭）、川上又次、岡田喜憲など、古屋の団体を経由して治療家として独立した治療師も多い。

医学界でも、短期間ではあるが催眠術研究の機運が盛り上がっている。明治三六年（一九〇三）、東大医学部教授、呉秀三が中心となり、神経学会を発足させている。神経学会が年度毎に発行する『年報』には、該当年度の神経学関係論文の概要が再録されていたが、明治三六年、三七年（一九〇四）は、催眠術研究の論文概要が多い。

とはいえ、明治三七年度に発表された二〇本以上の研究の内、実はかなりのものが催眠術危険論や取締論に関係したものであった。特に取締論の牙城となったのは、片山国嘉が会頭を勤めていた国家医学会である。医学者たちは、催眠術の使用を医師に限定させようとし、他方、心理学の元良勇次郎、福来友吉、小野福平らは試験制度を導入せよと主張した。しかし、大審院判事であった古賀廉造は、桑原俊郎の教えを信奉し、催眠術への法的規制をまったく認めない立場であった。こうしたこともあり、催眠術取締の法制化は順調には進まず、明治四一年（一九〇八）、「濫《みだり》に催眠術を行う者は三〇日以下の拘留に処す」という警察犯処罰令（軽犯罪法）に終った。

この法律のために、医学者、心理学者らは催眠術を避けるようになり、催眠術実験は低迷する。その後、福来事件がさらに追い討ちをかけ、戦前の精神医学や心理学周辺では、科学的精神療法に類するものは、森田正馬などの少数の医師を除いて、ほとんど姿を消している。

他方、民間の治療者たちは、催眠術という看板を下げ、その代わりに「精神」という語を用いるようになる。古屋鉄石が精神研究会という名前（桑原の団体とは別）に変えたのは、その一例であり、精神療法（あるいは霊術）という言葉が催眠術に代わって流布し、大正時代に入って大流行に至る。この際、二つの点で催眠術は、変容を経験している。ひとつは身体技法の受容であり、ひとつは福来事件を契機としてのアカデミアからの放逐である。

六　養生、修養、精神療法

すでに江戸時代から養生と呼ばれる健康法は存在し、たとえば腹式呼吸を用いるものには、禅僧白隠、国学者平田篤胤、医師平野元良らの養生法は有名である。近世後期の養生法は、身体の健康、精神の安定、倫理的行動と、個人の心身だけでなく社会的側面も含めた総合的な健康観を持っていたと言われる。

明治時代に入り、最初に新しい健康法を編み出した人物は、曹洞宗僧侶原坦山であろう。彼は禅に蘭学の理論を結びつけて、精神の安定と身体の健康を増進する新しい禅の方法を提唱している。あるいは、儒教、仏教、神道の三教一致を唱えた川合清丸が、仙人由来の無病長生法（腹式呼吸法）を広めている。そのような日本独自の健康法も出現しているが、一般に流行したものは、鉄アレイ体操や深呼吸法など、海外から輸入された医学的、筋肉的な健康法が主なものであった。

明治四〇年（一九〇七）頃になり、精神的な面も加味した新しい呼吸法、健康法が流行している。なかでも大流行したものに、岡田虎二郎の静坐法、藤田霊斎の息心調和法があった。真言宗僧侶であった藤田の場合は、白隠の唱えた腹式呼吸と密教にアイデアの源泉があることはわかっているが、岡田虎二郎はその技法の源流についてはあまりわかってない。岡田虎二郎は、身体の健康だけでなく、精神的、宗教的なアドバイスを与えたこともあって、知識人、芸術家、実業家、官僚などに多くの信奉者を得ている。

さらに、これらの流行が刺激となって、白隠などの近世後期の養生法の復刻、紹介や、インドのヨガ行者（と自称した）ラマチャラカの呼吸法についての著作が翻訳出版されている。ただし、ラマチャラカは本名ウィリアム・W・アトキンソンという、ヨーロッパ系アメリカ人の実業家であった。

この時代、すでに倫理的な行動規範を指して「修養」という語は用いられていたが、これらの健康法も「修養」とも呼ばれている。身体の健康だけでなく、近代生活のストレスからくる不安症や神経衰弱に対して、全人的な健康法が求められていただけでなく、岡田式静坐法に顕著にみられるように、それらを越えた宗教的な渇望に対しても一定の満足、安心感を与えるものであった。

腹式呼吸や静坐法は、桑原俊郎以降の精神療法家にも取り入られている。桑原は精神力の重要性を説いたものの、その力をどう伸ばすかという点については十分に説明していなかった。この点を埋めるために、桑原以降の精神療法家たちは、腹式呼吸法などの修養法を採用している。たとえば松江の精神療法家、木原鬼仏は、原田玄龍より原坦山の技法を学び、治療能力の養成に用いており、古屋鉄石の弟子の一人であった檜山鉄心も、治療能力の養成法と健康法として精神的呼吸法を提唱している。

ただし、「静坐」という語と裏腹に、初期の岡田式静坐法などでは、静坐中に体が震動し、勝手に動き出すことが多い。また体の霊動が、能力の発現あるいはなんらかの宗教的境地に近づいたしると考えられていた。これを積極的に用いたのが、大正時代、田中守平の興した太霊道である。

太霊道では、治療者は呼吸法や坐法などで身体の震動を起こす。これは顕動作用と呼ばれる。それに対して、霊子板という板をつかって自動運動を起こす作用を潜動と呼ぶ。井上円了が、心理的、生理的作用として説明したものと同じ原理の運動を、太霊道では超常現象であると説明し、霊子という宇宙の根本的実体が隠れて動いた作用（潜動作用）であると理論づける。そして、この潜動作用によって超心理現象も可能であるだけでなく、手などを用いて患者に注入することで病気を治療するとされた。

太霊道に限らず、大正時代に入ると、呼吸法、坐法、あるいは身体の自動運動などを組み合わせてエネルギーを高め、それを手や息などによって病者に伝える、という治療パターンが見られる。もはや精神療法というには似つかわしくないように見えるが、しかしすでに桑原俊郎の時点で、「精神」の作用が超常現象を引き起こすというところまで、「精神」の意味は拡張されていたのである。

霊術という語も、もともとは、桑原の術をさして「霊妙なる術」という意味で使われたのであり、霊魂という意味はなかったが、次第にスピリチュアリズム的「霊」の意味が加わっていく。そして、霊妙不可思議な存在としての人間精神が心霊現象を起こしうるか否かという問題はすでに明治の末に一大ニュースとなり、学術社会では否定されたものの、療法の世界では「精神」の霊妙不可思議さはその後も維持されたのである。

七　心霊研究

明治四三年（一九一〇）から翌年にかけて、有名な透視・念写実験がマスコミをにぎわしている。社会的影響という点では、心霊現象の引き起こした最大の事件となった。しかし、これは御船千鶴子を福来友吉が発見したことではじまった事件ではない。

そもそも既に述べたように、すでに初期の催眠術から千里眼現象についての言説はつきものであり、その点は日本にも知られていた。意外にも、催眠術の危険性を主張した大澤謙二でさえ、透視現象を認めている。そして、近藤嘉三以降、催眠術が土着化する中で、かつては宗教の文脈で発生していた超常現象が催眠術のセッションで再現されるようになる。ただし、もはや神や仏の感応ではなく、精神力の作用で説明されるが。特に、桑原俊郎の著作では、桑原本人が目撃しただけでなく、彼自身の精神力による現象が報告されている。しかも、「翻訳」ではなく著者自身の経験であったことは信憑性を高める。このように、催眠術師と被験者との間の狭い社会関係の中で発生した現象は、出版物を通じて社会に流通し始めたのである。円了以降、催眠術は宗教的奇蹟の合理的解釈法として機能していたが、逆に催眠術自体が心理学的に根拠づけられた新たな宗教的奇蹟を発生する装置ともなった。御船千鶴子は、義兄清原猛雄の催眠術によって千里眼能力を発現したのである。

このように催眠術の流行によって「現象」が生み出される一方で、どう実験するのかという心霊研究の「作法」が輸入されている。ヨーロッパの心霊研究を最初に紹介した一人は、東大宗教学初代教授の姉崎正治であろう。明治三六年（一九〇三）、ドイツから帰国した姉崎は東大での授業で心霊研究を講じていたといわれる。

本格的な心霊研究を行った団体は、明治四一年（一九〇八）に結成された心象会（心霊現象研究会）である。中心となったのは、元キリスト教牧師で日本教会の松村介石と平井金三である。松村は元キリスト教牧師で、明治四〇年（一九〇七）にキリスト教、儒教などの諸宗教を融合させた日本教会（後に道会）を設立している。平井は京都出身の英学者で、姉崎正治の英語の恩師でもあり、当時は東京外国語大学の教授であった。平井は明治二二年（一八八九）に神智学協会々長オルコットを招聘、明治二五年（一八九二）に渡米して二六年（一八九三）に開催された万国宗教会議で演説を行っている。このアメリカ滞在中、心霊実験に参加しており、平井自身もサイコメトリー（物体の由来を〝霊視〟すること）能力を発現している。二人は明治四〇年（一九〇七）に知り合い、松村は日本教会をはじめるにあたって平井の宗教論に影響を受けただけでなく、心霊研究への関心という点で意見が一致し、知識人、ジャーナリストなどを集めて、心象会の発足に至っている。会員は、平井の知人で『新公論』編集長の桜井義肇、『新仏教』の同人の高島米峰、加藤咄堂、そして東大心理学教授の元良勇次郎、福来友吉といった知識人、ジャーナリストであった。

心象会の研究会は、明治四一年（一九〇八）五月からほぼ毎月一回のペースで開催され、平井の講演、サイコメトリー、テーブルターニングの実験が行われた。また、井上円了の弟子で催眠術師、真言宗僧侶の五十嵐光龍、アメリカでタントラを学んだ精神療法家、木村秀雄と駒子、蟇《がま》仙人と呼ばれた危険術の片田源七、腹式呼吸の調和道を開く精神療法家の藤田霊斎なども招かれて実験を行っている。さらに平井はこれと同時に、道会の機関誌『道』に創刊号から心霊関係記事を連載し、『心霊の現象』（警醒社、一九〇九）として出版している。この会は、数年で活動停止に至ったが、千里眼事件への扉を開いたといえる。

福来友吉は、明治二年（一八六九）、岐阜県の高山に生まれる。明治二九年（一八九六）に東大に入学し、元良勇次郎に師事、アメリカのウィリアム・ジェイムズの心理学を学び、『心理学精義』『教育心理学講義』などを訳出、また日本で最初の催眠術に関する学術研究を行い、明治三九年（一九〇六）「催眠の心理学的研究」によって博士号を取得している。この時期まで、彼が心霊現象に興味を持っていた形跡はない。桑原俊郎を批判していた小野福平を支援する立場であり、師の元良勇次郎も心霊現象に興味を持っていたが、懐疑的な立場を崩さなかった。どういう経緯で心霊現象に興味を持ったのかは判然としないが、宗教への関心は深かったこと、催眠術文献の多くに透視の事例が掲載されていること、ジェイムズが熱心な心霊研究家であったこと、そして心象会への参加が直接の契機となっていたと思われる。

明治四三年（一九一〇）から福来は、京大医学部の今村新吉と共に熊本で御船千鶴子の透視能力実験を開始、九月には御船は上京し、二度の透視実験に一応の成功を収めている。立ち会った学者たちは、大澤謙二、片山国嘉、呉秀三らの催眠術取締の際に福来と対立した医科大学（現在、東大医学部）教授たち、元良勇次郎、姉崎正治、井上哲次郎らの文科大学（現、文学部）教授、そして山川健次郎らの理科大学陣（現、理学部）が加わっている。「一応」というのは、御船は実験に成功したものの、手続きにおいて不備があったために、物理学者たちから批判を浴びるからである。さらに一一月には四国、丸亀で第二の能力者、長尾郁子が出現し、彼女は透視だけではなく、精神力で乾板を感光させる念写能力を発現する。この際も山川ら物理学者側の実験も福来の実験も、不可解な事故が伴い、中途半端な形で実験は終っている。マスコミでは、二人に対するバッシングも激化し、御船は明治四四年（一九一一）一月に服毒自殺、長尾は二月にインフルエンザで病没して、真相不明のまま事件は終息する。

福来の行なった実験は、透視のターゲットを封印した鉛管に入れるなど、それ以前の心象会の実験よりも、はるかに用意周到なものであった。また、福来の実験設計は、不安定な御船の精神状態へ配慮しつつ、科学的客観性を担保しようというもので、手続きの面からは自然科学を大きく逸脱したものではないように思われる。しかし、これに対する物理学者側からの批判は厳しかった。事件終息後間もなく、藤教篤と藤原咲平による批判的報告書『千里眼実験録』（大日本図書、一九一一）が出版されている。同書のはしがきで、物理学者、田丸卓郎は、物理法則への疑義は学者の特権であり、普通教育を受けた一般人が物理法則を疑うような事態になっては困ると正直に感想を記しているように、東京帝大理科大学の権威によって迷信を阻止し、アカデミズムの依拠する自然科学の絶対性を示そうとした戦略的な出版物と言われる。他方、福来の方も実験結果に自信を持っていたことは、大正二年（一九一三）八月に『透視と念写』（宝文館）を出版したことからも分かる。福来は、その第一章で、元良と思われる人物から出版をさしとめるよう言われて、たいへん迷惑をこうむったと書いており、心霊研究をめぐって懐疑的で慎重な元良との間で意見が分かれたことをうかがわせる。その元良は大正元年（一九一二）末に亡くなっており、元良のポストを継いだのは、福来と並んで元良の後継者と目されていた松本亦太郎であった。

この福来事件と『実験録』が、田丸の狙った一般人の啓蒙にどこまで役立ったかは疑問であるが、東京帝大内では田丸の狙いとおり、福来の去った後の心理学研究は、催眠術や異常心理は遠ざけられ、実験心理学を専らとするようになる。

一方、福来は同年一〇月に休職扱いとなり、二年後に解職されている。彼はその後、真言密教の哲学を学び神秘思想へと傾斜し、昭和元年（一九二六）から昭和一五年（一九四〇）までは高野山大学の教授となり、今村新吉と縁が深い日本心霊学会をはじめ、さまざまな霊術団体の後見役となり、精神療法とスピリチュアリズムの世界では権威的な立場につく。

こうした心霊現象をめぐる決着を、アメリカの場合と比較してみるとどうであろうか。福来が影響を受けたウィリアム・ジェイムズは、批判を浴びながらも最晩年まで心霊研究をつづけ、ハーバード大の教授職を全うしているが、その一方で、心霊研究の科学性をめぐっての考察も最晩年まで続けており、必ずしも心霊現象の「信奉者」ではなかった。心霊現象が実在するか否かについての学問的議論が続いた点は、透視・念写事件のあとも議論が続かなかった日本の場合とはかなりこととなる。

福来事件の結果、東京帝大を頂点とする公的な教育システムでは、心霊現象は誤謬、迷信、詐欺であり、客観的に存在しないものとされた。しかし、これが単なる建前であり、迷信的とされた世界観はむしろ根強く続いたことは、大正時代に入って、スピリチュアリズム書の翻訳が最盛期を迎えたことからも分かる。太霊道などの精神療法団体はこぞって透視やテレパシーなどの心霊能力養成を謳い、また大本教が鎮魂帰神の法を盛んに伝授して、信者数を増やしている。それらの信者が、決して「愚民」ではなく、大本教に入信した浅野和三郎をはじめとして、東京帝大で学んだ知識人も含んでいたことは、西洋から移入した科学的世界観、人間観が必ずしも、人々が親しみを感じる世界観と一致しなかったことを示している。

さて、最後に、今一度、明治の催眠術流行を振り返ってみたい。そこに登場した人物の中で、最も重要な人物を二人あげるとすれば井上円了と桑原俊郎であろう。前者が催眠術と生理学的心理学の紹介者として、「科学的」精神療法の祖であるとすれば、桑原は「オカルト的」精神療法の祖となっている。対照的な二人であるが、実は両者ともに浄土真宗の信者であり、それは彼らの宗教哲学に反映している。円了においても桑原においても、宇宙は仏教でいう真如という究極の実在であり、個人は信仰を通じてそこにつながることができるとされる。ただし、円了では、宇宙と個人の間、つまり社会という目に見える空間は自然科学に支配されるべきものとされた。これに対して桑原は、宇宙、社会、個人は連続していると考えた。彼の説をふえんすれば、個人の心の中の現実が、宇宙的、社会的現実に反映されるはずである。桑原は社会をどうすべきか問わなかったが、大正時代の精神療法理論に往々にして国家論が含まれる。政治活動家から療法家になった者が多いという理由もあるが、個人、社会、宇宙を一貫する原理が必要とされたからでもある。戦前日本の帝国憲法下では、信仰は私的領域で自由を得られたとされる。しかし公的領域では、さまざまな身体的拘束が課せられ、表現は制限された。それと同様に、知識の面でも、科学的知識が公共の知となり、宗教的奇蹟は私的な信仰の領域に制限された。精神療法や心霊研究への根づよい人気は、単なる不可思議への関心というだけでなく、そのような領域分けへの違和感の裏返しでもあった。

（初出：『特別展　奇なるものへの挑戦――明治大正／異端の科学』岐阜県博物館、二〇一四年）

コラム2

H・カーリングトン『現代心霊現象之研究』を翻訳した関昌祐の心霊人生

神保町のオタ

忘れられた人文書院の歴史

人文書院が創立されてから三四年経った昭和三一年一二月、『京都人物山脈』(毎日新聞社)が刊行された。これは、同年二月から一〇月まで同紙京都市内版の連載をまとめたものである。京都の宗教、美術、文学、芸能、工業、商業など各界で活躍する群像を紹介している。出版関係では、当時六五社あった出版社のうち三〇社ほどを紹介している。中でも最初の見出しを「翻訳物で売出す「人文」」としているように、特に人文書院に注目していたことが分かる。同社の具体的な紹介文は、「一般書では「人文書院」が翻訳文学を主軸にめきめき売り出し、渡邊久吉(七一)睦久(三六)の親子コンビの気炎は当るべからざるものがある」から始まっている。

続いて記者は、人文書院は戦前国文学関係書が主だったが、戦後はサルトル全集、ランボオ全集などを矢継ぎ早に企画し、業界に波紋を描いたとしている。しかし、本論集収録の論文で示されているように、人文書院の前身は日本心霊学会で機関紙『日本心霊』を発行し、国文学関係書の前には精神医学や養生論関係書を中心に刊行していた。昭和三一年には、もうそのような歴史は忘れられていたのだろう。

一方、紹介された出版社の中に、関為之祐(六七)の関書院もある。関の変わった経歴が書かれていて、神戸高等商業学校出身で長年大阪YMCAで英作文の教師をしていたが、戦後京都に移り社会学、商業英語などの出版を始めた。過去僧籍に入り、あるいはキリスト教に関係し、現在は神道を信仰し、心霊学という珍しい研究に打ち込んでいるとある。記者は気付かなかったようだが、実はH・カーリングトン『現代心霊現象之研究』(日本心霊学会、大正一三年)の訳者関昌祐と同一人物で、心霊学を研究しただけではなく、戦前は霊術家でもあった。関は、霊術家出身の出版人という点で第二の渡邊久吉とも言うべき存在であったのだ。

関昌祐の華麗なる心霊人生

確認できた関の経歴をまとめておこう。

関昌祐　本名為之祐。明治二二年富山県高岡市の綿織物卸商の次男として生まれる。兄は社会学者の関与三郎。神戸高等商業学校(現神戸大学)予科を経て三九年同校本科入学(中退か)。大正一三年三月関昌祐名義で最初の著作『不老長生法』(黒田正次)を、同年六月『現代心霊現象之研究』(日本心霊学会)を刊行。同年末芦屋で心霊雑誌『霊光』(霊光洞本部)を創刊。芦屋の本部を中心に「霊学治療」を行い、神戸支部等への出張や遠隔治療も行った。その後大阪市でヤングメン通信社を創立し、昭和一七年青年通信社に改称するも、戦時下の企業整備により東洋経済新報社に統合された。戦後京都市で関書院を創立。三六年没。(参考文献:『著作権台帳第一〇版』、『近代日本社会学者小伝』(勁草書房、平成一〇年)、『神戸高等商業学校一覧』、楳垣実『日本外来語の研究』(研究社出版、昭和三八年)の「はじめに」、「国会図書館サーチ」など。)

関は傑出した霊術家というわけではなく、栗田英彦・塚田穂高・吉永進一編『近現代日本の民間精神療法――不可視なエネルギーの諸相』(国書刊行会、令和三年)には登場しない。同書の分類を使えば、精神療法後期(大正一〇年〜昭和五年)

における他者治療系の霊術家に該当する。吉永氏が同時期の霊術家清水芳洲の執筆と推定する霊界廓清同志会編『霊術と霊術家――破邪顕正』（二松堂書店、昭和三年）では、「日本霊学研究所長」として立項されている。日本霊学研究所は、霊光洞内に設立された機関である。三万人いたとも言われる霊術家の中から選ばれた約三三〇人の一人なので、当時としてはそれなりの霊術家だったわけではある。ただし、同書での評価は低く、当初菊判六〇頁で創刊された雑誌『霊光』について、誌代を一年分、二年分と前払いしたのに、いつの間にか三二頁、二〇頁、一六頁と次第に減り、今では四六版四頁になったと苦情を述べられている。余談であるが、前掲書の奥付検印紙に「清水」印が押されているのは、吉永氏の推定の傍証になるだろう。

手元に一六頁に減った時代の『霊光』第三年第八号、大正一五年一〇月がある。この一冊を見るだけでも関の霊的ネットワークの広さがうかがえる。夢生「私のノート」には、次号に神霊学会主宰の宇佐美景堂「神道と霊学」を予定し、以後谷口雅春にも依頼しているほか、福来友吉「念伝説と思念説」の原稿を既に受けているとある。福来とは『現代心霊現象之研究』に序文を書いてもらった仲でもある。

また、同誌「師友より」には愛知教会牧師の金子白夢や工学士で霊媒の石塚直太郎からの書簡、さらには旅路からという梅原真隆の一句が掲載されている。龍谷大学教授だった梅原の名前には驚くが、富山県出身の関と同郷の関係か、関に僧籍があったという関係だろうか。僧籍の確認はできていないが、『仏教年鑑昭和七年版』（仏教新聞社、昭和六年）の人事篇に号霊光洞、肩書は「日本霊学研究所長、大阪青年会［英語］学校講師」として立項されているので、仏教関係者であったことは確かである。関の『自己治病法――霊学秘鍵』

（霊光洞、大正一四年）に載る『不老長生法』の広告には梅原の「一読をすすめる」との推薦文があり、二人は親しい関係があったと分かる。ちなみに、梅原が創設した顕真学苑の旧蔵書が一昨年古書市場に出て、私が入手した関『死後はどうなる？――心霊学説』（霊光洞本部、大正一五年）には「梅原真隆蔵書」印が押されていた。

ウィリアム・ジェイムズの孫弟子としての関昌祐

関に関して面白いエピソードを紹介しておこう。前記『霊光』の巻頭には、関の霊的体験記録「神秘の世界への思慕」が掲載されている。そこで、関は神戸高等商業学校教授の小川忠蔵を恩師と呼び、小川は心理学者ウィリアム・ジェイムズに師事したと書いている。明治四一年度版『神戸高等商業学校一覧』には、英語講師である小川の肩書に「マスター、オブ、アーツ（ハーヴアード大学）」とあり、小川がハーバード大学でジェイムズに学んだというのは、あり得る話である。そうすると、関は言わばジェイムズの孫弟子だったということになる。関は小川がジェイムズから聞いたという言葉も記している。それは、小川がジェイムズに「J・S・ミルが自叙伝中で、「宇宙には統一的な神があるとは思われないが、何かある人格的な神の存在を認めねばならぬような気がする」と言ってますが」と聞いたのに対し、「そうですよ。宇宙には判ったと思われる事柄は何ほどもないのですから」と答えられたというものである。

一方、『現代心霊現象之研究』の表記をカーリントン著『現代心霊現象の研究』に改め昭和八年人文書院から出した再刊本の「序文にかへて」には、「心霊研究に志して以来、回顧すれば正に二十有二年になる」とある。昭和八年から二二年逆算すると、明治四三年のことになる。その頃に関が霊術家になる切っ掛けがあったようだ。『心霊と人生』三巻一一号（心霊科学研究会、大正一五年一一月）掲載の「心霊業と口頭霊学（下）」で、関が明治四三、四年頃に不治と言われた病に罹り、大和の山に隠棲し断食と水行をした結果、図らずも治療能力を経験したことが分かる。神戸高等商業学校本科（三年制）に三九年から四一年までの在学が確認できるものの卒業が確認できないのは、おそらくこの病気が原因だったのだろう。しかし、その病気を契機に霊術家への道を歩むことになったのである。

関は『日本心霊』紙上でも、昭和一三年から一四年にかけて、『現代心霊現象の研究』の抜粋である「変態心理学対超自然心理学」や「生命力と保存の法則」を連載している。更に霊術家としての活動が確認できない戦後においても、『京都人物山脈』によれば心霊学の研究は続けていたようで、相当長期間にわたるオカルト人生であったと言えよう。前記「序文に代へて」で、関は引用した部分に続いて、ジェイムズの「心霊研究には二五年、五〇年、否百年を与えよ」という言葉を引いている。孫弟子の関は師の師ジェイムズの言葉に従い、百年には届かなかったものの五〇年近く心霊研究を行っていたことになる。

以上、本コラムは関昌祐の経歴を中心に考察した。関為之祐イコール関昌祐であることは、吉永進一氏より御教示いただきました。また、『日本心霊』の閲覧には栗田英彦氏の御協力を得ました。感謝します。霊光洞本部は、昭和期には大阪市に移されている。霊療術研究団編『斯界権威十五大家霊療術聖典』（天玄洞本院、昭和九年）に選ばれ掲載されているので、ある程度は成功したのであろう。最後に確認できる霊光洞の活動は、『霊感術』（日本霊学研究所、昭和一一年増補第七版）である。霊術家としての久吉から受けた影響、機関誌『霊光』の全貌、霊術家を辞めた経緯など、まだまだ不明な点が多い。後進の研究者による解明を期待しています。

第三章　大正期日本心霊学会と近代仏教
――「外護方便」としての心霊治療

栗田　英彦

はじめに

霊術団体が、なぜ出版社へと転身したのか。さらに、なぜ出版社として成功しえたのか。人文系有数の出版社である人文書院の前身が心霊治療を行う霊術団体の「日本心霊学会」だと聞いたとき、まず頭に浮かぶ問いはこれだろう。このような転身は、出版文化史としても宗教史としても非常に興味深い事例であることは間違いない。

本書所収の一柳廣孝の論考は、日本心霊学会の経営戦略および言説戦略という観点からこれに回答を提出している。同論文によれば、警視庁令「療術行為ニ関スル取締規則」等の規則が制定されて霊術が姿を消していく昭和初期に、日本心霊学会は「絶妙のタイミング」で出版社へと移行した。このときに重要な役割を果たしたのが、京都帝国大学医科大学教授の今村新吉や元東京帝国大学助教授福来友吉、さらに東北帝国大学教授の医学者兼小説家小酒井不木といったアカデミックな権威を備えた支援者であった。彼らの存在は、もともとは日本心霊学会の心霊治療に対する裏付けないし権威付けという役割を担っていたが、出版社への移行期には、その人脈や学識によって学術的・文学的な色彩を持った幅広いジャンルの出版活動へのポテンシャルとして働いたというわけである。

一柳論文は、日本心霊学会の出版戦略や言説戦略の推移を鮮やかに描きだしたものとして重要である。これに対して本論では、宗教研究の観点からその転身を考察して補足を試みたい。一柳論文でも指摘されているように、大正期日本心霊学会の主要な顧客は仏教界であり、そこで一定の成功を収めてもいた。とすれば、なぜ市場としての仏教界を見切っていったのかが問題となってくる。さらに、日本心霊学会を除き、出版社に転身して成功した霊術団体はほぼなかったとすると、他の霊術団体と異なった日本心霊学会の独自性があったはずであり、それは何だったのかも考えてみる必要がある。

本論では、これらの課題にアプローチするために、まず近年の近代仏教史研究の蓄積を踏まえつつ、新たに発掘された『日本心霊』の紙面を分析する。そして、そこから捉えられた日本心霊学会の特異性を、他の民間精神療法（≒霊術（民間精神療法については後述））と比較して明らかにする。それによって近代宗教史に日本心霊学会を位置づけつつ、なぜ出版社に転身して成功したのかという問いに答えてみたい。

一　プラクティスの近代

幕府による檀家制度と寺領安堵に支えられた近世仏教は、安定した地位のもとで繁栄を謳歌していた。(1) しかし、明治維新後、神仏判然令や上知令（寺社領の明治政府による没収）を経て、仏教の経済力や社会的地位は急速に低下する。(2) それは近代世界において、仏教が新たな位置を模索するプロセスの始まりであった。近代仏教（あるいは仏教の近代化）とは、まさにそのようなプロセスの総体に他ならない。

だが、「近代」を具体的にどう把握するかで、そのプロセスの描き方は異なってくる。吉田久一ら従来の近代仏教史研究の牽引者は、仏教の近代化の指標として、宗派や教団の所属よりも個々の内面的信仰――ビリーフ（言語的に表明される信仰）――を重視するようになる「個人化」と、社会活動の意義を積極的に主張するようになる「社会化」を指摘した。これは、自由な「個人」が対等な関係を相互に結んで「社会」を形成するという近代市民社会の理念、すなわち近代主義に沿った指標だと言える。(3) この観点からは、例えば阿弥陀如来への信心を基礎とし、非僧非俗の同朋を共同体の理念に据える浄土真宗は評価されやすい。実践面でも、諸宗派の社会福祉事業につながる取り組みは、肯定的に描写される。逆に、儀礼や祈禱や修行などの実践――プラクティス（非言語的・非意味的な慣習や行為）――は、形式的・呪術的・非合理的なものとして低く見積もられることになる。

一方、二〇〇〇年以降の近代仏教研究は、このような近代主義的視点を相対化し、近代仏教史を刷新していくものであった。吉永進一はその成果を踏まえ、仏教の近代化の指標を①大学制度の創設と学術の発展、②メディアの拡大、③国際化の進展として捉えなおし、「仏教の近代化とは、仏教が（日本の）寺院から出ていく過程だと言ってもいい」と述べた(4)。大学を頂点とした近代教育制度の確立によって、仏教に関する知識の権威は伝統宗学から近代仏教学を含むアカデミズムへと移行し、宗門の檀林や学林ではなく大学や高等教育機関への進学を志す僧侶の師弟も増加する。活版印刷技術の導入が印刷メディアを大きく拡大させ、仏教者もまた新聞や雑誌を通じて仏教を伝えるようになる。移動手段の大規模な発展および海外移民や植民地拡大競争のなかで、仏教者の海外布教・海外渡航が促進されていく。「吉永テーゼ(5)」とも呼ばれるこの指標は、近代市民社会の理念に沿うのではなく、理念の根底にある制度的・技術的・空間的な変容に注目した理解だと言えるだろう。言い換えれば、制度・技術・メディアは形式や手段でありながら、それ自体が「近代」や「近代化」という意味内容や目的を伴っているのである(6)。この視点からは、「個人化」や「社会化」は、これらのインフラストラクチャーの整備や発展の一つの表現となる。

さらに吉永テーゼによって、従来は見過ごされてきたプラクティスの近代という領野への視座も開かれる(7)。実際、近代の学術の一つである心理学（ここに催眠術も含まれていた）の導入はプラクティスの近代化の端緒であった。このときに重要な役割を果たした一人が、真宗大谷派寺院出身で東京大学に学んだ哲学者の井上円了である。「迷信打破」に生涯を捧げた井上だったが、同時に「迷信」が心理的効果を持つことを認めていた。そこから、坐禅や加持祈禱について、「迷信」的説明を斥けつつ、「心理療法」として再評価する道が生じる。井上は、医師の「生理療法」に対して「心理療法」こそが、仏教者が近代社会に寄与できる領域だと主張し、自らの設立した哲学館（後の東洋大学）で心理療法・催眠術の講義をカリキュラムに組み込んだのである。(8) この哲学館で学んだ僧侶のなかから、藤田霊斎や五十嵐光龍（両者とも真言宗智山派僧侶だった）といった著名な霊術家が登場してくる。(9) 井上にとって心理療法は新時代に応じた仏教の「社会化」の手段だったが、プラクティスの近代という観点から見ると、医学と宗教のはざまに「精神療法」「霊術」という新たな領域を生み出す契機にほかならなかった。まさに形式・手段が、内容・目的となるのである。

ここで改めて強調しておきたいことは、当時の仏教者にとって催眠術・心理療法が必ずしも忌避されていなかったことである。とりわけ、新時代に応じて仏教を改革する意志を持った仏教者のなかには、積極的にこれを学ぼうとする者があった。井上の哲学館の心理療法講義はその一例だったが、同じく真宗大谷派出身で東大に学んだ清沢満之――大谷派近代教学の祖とも評される――は、一時期、井上の異常心理研究を引き継いでいたし、さらに同門同校の後輩、近角常観は大学時代に「実験心理学」の報告として「宗教」や「信仰」を論じていた。(10) その近角は、のちに「信仰の実験」という言葉で宗教的経験を語り、知識人を含む多くの人々に影響を与えたことはよく知られている（その影響下に日本の精神分析を開拓した古澤平作がいる）。(11) また、明治初期の先駆的萌芽として曹洞宗の原坦山による心理学的禅があり、それは耳根円通法として原田玄龍（曹洞宗僧侶）や木原鬼仏

（霊術家）を通じて霊術となっている。在家にまで視野を広げれば、霊術家の祖、桑原俊郎（号・天然、一八七三〜一九〇六）もまた、真宗大谷派の門徒であった。

ここで「霊術」「精神療法」「心霊療法」概念について説明しておこう。明治二〇〜三〇年代には、井上らによる催眠術の紹介もあり、催眠術がブームになっていた。しかし、一九〇八（明治四一）年、警察犯処罰令（現在の軽犯罪法）において催眠術の取り締まり（「濫に催眠術を行う者は三〇日以下の拘留に処す」）が施行され、これをかいくぐるため、民間の催眠術師・催眠療法家は、「精神療法家」を名乗るようになり、「精神療法」の語が一般化する。このときの「精神療法」の意味は現在とは異なり、精神の治療というより、精神力による治療であり、実践者も医師ではなく民間の療法家であったことに注意しておきたい。また、桑原がそうであったように、欧米の心霊研究も取り込みながら、個人の精神は宇宙の精神（「大精神」「大我」などと呼ばれる）と合一することで治病のみならず、精神感応（テレパシー）、予知、念動力などの超常現象も起こせると主張する者も少なくなかった（詳しくは第二章参照）。精神療法家らは自らの術を売り込むために、他の精神療法と差異化する独自の理論や用語を用いたが「心霊治療」「心霊療法」もそうした中から生まれてきた言葉である。用語は多様だったが、理論的には個人と宇宙の精神をエネルギーや力や電気など物理学的な概念で捉え、技法的には呼吸法、坐法、「霊動」などと呼ばれた自動運動（不随意的な身体運動）、手当て療法などで構成されることがほとんどであった（詳しくはコラム1参照）。

「霊術」は、民間精神療法、修養法、神道行法、さらには交霊術や密教行法などの総称として大正後期に普及した言葉である。[12] ここには同時期に皇道大本が鎮魂帰神法（神憑りの神道行法）で一世を風靡したことが背景にあるだろう。なお、日本心霊学会という名称と心霊研究の紹介も行っていることから、皇道大本の幹部だった浅野和三郎らの「心霊科学研究会」（大正一二年発足、機関紙『心霊研究』→『心霊界』→『心霊と人生』[13]）を思い起こす向きもあるかもしれない（心霊研究と民間精神療法の関係については第二章を参照）。だが、スピリチュアリズムに棹差して人格的霊魂観を基礎に置き、治療というより霊媒を通じた交霊会を中心とした心霊科学研究会とは、日本心霊学会は理論的にも実践的にも位相を異にしている（受容者側においては地続きでつながっている可能性はあるが）。日本心霊学会は、やはり民間精神療法団体として理解するのがふさわしい（以下、総称としては「精神療法」を用いる）。

ともあれ、呼称が「催眠術」であれ「精神療法」であれ「心霊治療」であれ、この領域への仏教者の関心は持続していたようである。桑原の後継者によって発刊された雑誌『心の友』には、清沢満之の弟子（安藤州一、多田鼎）や近角常観らが引き続き寄稿していたことからも、それは窺える。渡邊藤交が日本心霊学会を立ち上げたのは、この時期であった。日本心霊学会は、まさに仏教とプラクティスの近代化の只中に産声を上げたのである。

二　「外護方便」のメディア戦略

日本心霊学会創始者、渡邊藤交（本名・久吉、一八八五―一九七五）の履歴については、石原深予によって詳しく調査されている。ここで該当部分を引用して紹介しておく。

藤交は愛知県出身である。（読売新聞一九七五年二月六日付の死亡記事には「愛知県中島郡出身」とある）。長男ではなく家が継げないため京都の寺院に丁稚奉公した。この寺院がどこであるかは判然としないが、若き日の藤交は大雲院に間借りして住んでいた時期があるという。大雲院は浄土宗系の寺院で当時は四条寺町南にあった。しかし周囲が繁華街となったことから、一九七二年、円山公園のあたり、京都市東山区の現在地へ移転した。その移転の際に藤交が手助けをしたという。藤交の社葬もここで執り行われ、墓所もここである。なお四条寺町南には、藤交がのちに日本心霊学会を立ち上げた場であった、やはり浄土宗の寺院である透玄寺が現在も所在している。

藤交の妻きくゑは高知県の武家の出で、藤交との結婚の経緯は不明である。人文書院の経理を担当していた時期があり、家族だけで人文書院を経営していた時期もあって苦労したらしい。夫妻の間には四人の子供があり、うち男子は二人目、一人だけで、敗戦後人文書院二代目社長となった睦久（一九二〇―二〇一五）である。

大雲院時代の藤交には、やはり同じく寺に間借りしていた親しい友人がいた。のち著名な日本画家となった富田渓仙（一八七九―一九三六）である。富田は駐日フランス大使であった詩人・劇作家のポール・クローデルと親交があり、クローデルは渓仙の画による詩画集を出版した。人文書院の出版物に富田の装幀のものがあるのは藤交との縁で、また一九三五年には人文書院から富田の随筆集『無用の用』が出版されている。

藤交は浄土宗専門学院（仏教大学の前身）で学び、仏教学者桑門秀我（一八五九―一九三九）のもとで修業を積んだ。『浄土宗仏家人名事典　近代篇』（東洋文化出版　一九八一）によると、桑門は「幾度となく本山法主に擬せられたが受けることなく、昭和五年五月には百万遍知恩寺法主に推戴当選されたが遂に固辞して受けず」「ひたすら宗乗の研究と徒弟の育英に一身を捧げた学僧」で、茶道、華道にも長じたという。また文学に関わることでは、桑門の教え子に、武田泰淳の伯父で社会事業に尽力した僧侶であった渡辺海旭がある。

さて藤交は僧侶として生きるのではなく霊術家となり、さらに出版人となっても、後々まで桑門を尊敬し続け、「先生」と呼んで慕い、交流を続けた。（中略）桑門は一九〇二（明治三五）年に出雲の古刹神門寺《かんどじ》を住持して以来出雲に住んでおり、藤交一家も出雲を訪ねることがあった。また桑門上洛の折には、藤交は高級な布団を新調して師を迎えたという。[14]

このように渡邊は仏教、特に浄土宗に深い関わりを持った人物であり、次に見るように、その

「心霊治療法」の誕生においても、渡邊自身、仏教との結びつきを強調していた。

余は広く仏典を翻読すると共に、科学、哲学、医学の書籍に心酔し、日夜研鑽に研鑽を重ね、実修に実究を加へ此に始めて呼吸式感応的治療法を感得するに至れり。此を以て決然故郷を出で京洛に出で、祖山知恩院の祖廟に詣で仏教外護方便のために此療法を以て幾多懊悩者を救済せん事を祈誓す。(15)

ここでの「呼吸式感応的治療法」が「心霊治療法」とも呼ばれるものだが、これを「科学、哲学、医学の書籍」とともに、「仏典の翻読」の研鑽から感得したと主張している。渡邊の主著『呼吸式感応的治療秘書』（大正二年／後の大正一三年に改題し大幅に改版して発行された『心霊治療秘書』の前身）でも、哲学・心理学・医学の観点から解説しつつ、「先哲」——道元・白隠・平田篤胤・貝原益軒——の提唱した調息法の先駆性を主張している。新たな学知で解釈しながら、仏教的実践を再生しようとしていたわけであり、プラクティスの近代化の典型であったと言える。

一方、「仏教外護《げご》方便」のためとして心霊治療の救済を誓っていることに注目したい。「外護」も「方便」も仏教用語であり、前者は在家信者や俗人が仏教や僧侶を保護し仏法流布を援助すること、後者は仏教の教えに導くための仮設的な手段や方法を意味する。『日本心霊』紙上の会員募集広告（図1）に明記されているように、日本心霊学会は、「僧侶諸彦に限り」心霊療法を教授することで

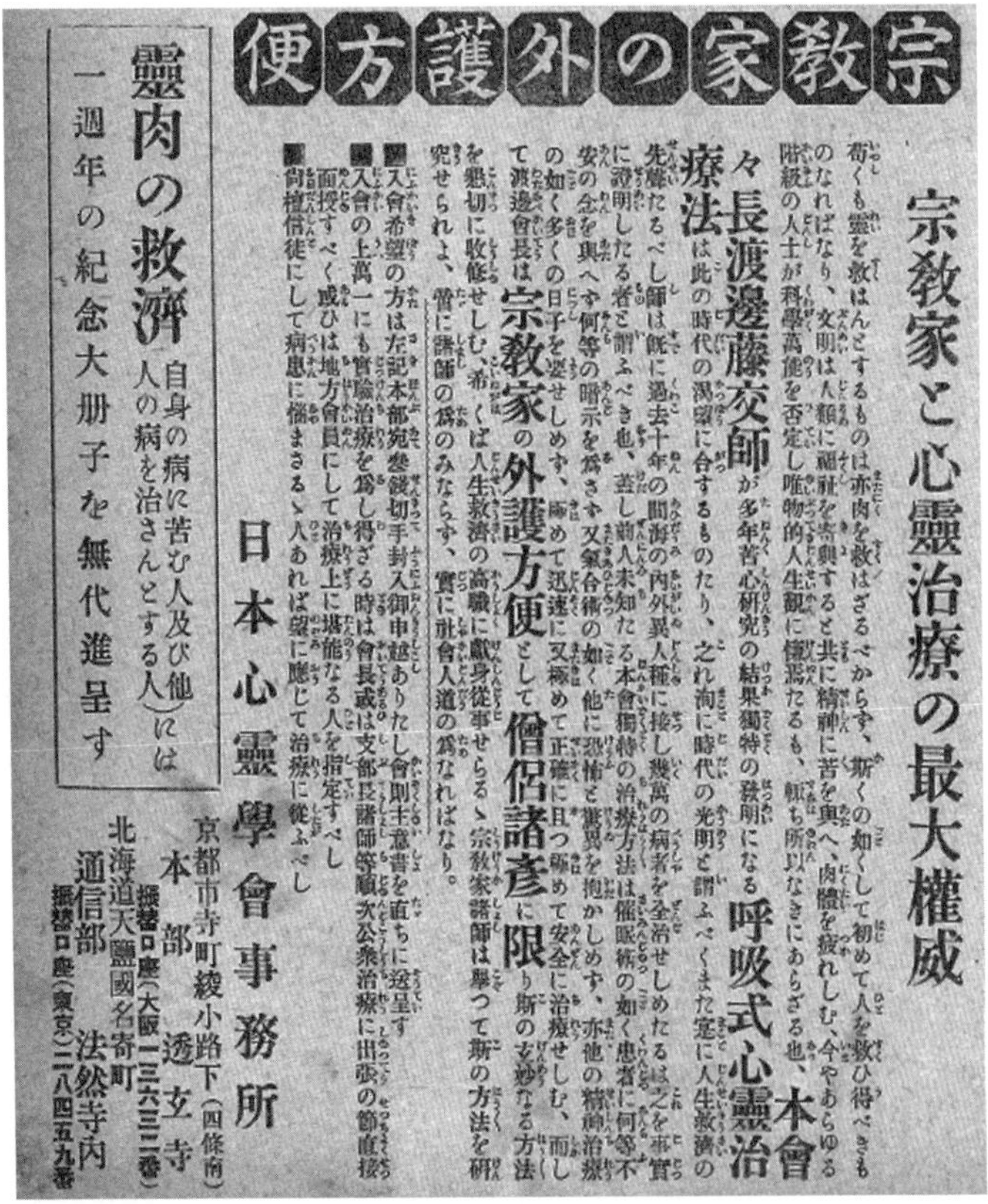

図1．会員募集広告
（『日本心霊』大正5年10月1日号）

もって、仏教者の副収入獲得と「社会人道」への貢献（＝社会化）の手段を提供しようとしていたのである。日本心霊学会の紙面には同時期の新仏教運動などの仏教改革運動への論評があり、仏教改革運動における宗派心や教団を否定する議論を「無茶」として退けつつ、社会改革や社会事業の要請には賛意を示していた(16)。つまり、仏教改革派内の穏健派という立場を示したうえで、心霊治療を社会事業に相当するものに位置づけていたのである。これが日本心霊学会の言うところの「外護方便」である。したがって、檀信徒や在家は治療法を伝授する相手として考えられていなかった。

日本心霊学会の最大の特徴はここにある。つまり、この団体は確かに井上円了以来のプラクティスの近代化の流れにあるが、藤田霊斎や五十嵐光龍らが一般向けに療法を公開して仏教寺院の外で活動していったのと対照的に、むしろ仏教寺院に入り込もうとしていたのである。ここには、僧侶になり切れなかった渡邊の独特の出自が反映されているのかもしれないが、ともあれ、市場を仏教界に限定したことは、他の民間精神療法ではほとんど類を見ないものであった。

単純に考えれば、より広い市場を求めた方が良さそうではある。それでも仏教界に限定したのは、渡邊の仏教改良と外護方便の強い希望のみならず、当時の仏教界の仕組みや危機感をよく熟知していたがゆえの強みが垣間見える。例えば、「赤裸々にした寺院生活者の告白」（『日本心霊』大正七年七月一日号）という記事では、寺院経営の厳しさや生活難が文字通り「赤裸々」に論じられ、さらに、その記事を受けた投稿では、若し私が先代通りの仕来りを其儘繰返して居りましたならば、私は私の立場を維持することは出来ないと思ひます、何故なら私の寺の全収入を以てキリつめても、全支出に足りないからであります、私は寺務の余暇に『心霊治療』に従事しているお陰で、今日の対面を保っているのでありま す[17]

と露骨に告白している。投稿記事は、続けて心霊治療による収入は、「月々九円から十二円内外」だと生々しく暴露しつつ、しかしながら、心霊治療は単なる営利事業ではなく「人世救済の良法、高尚な職業または副業」であると肯定するのである。この投稿記事が真実か創作かは、あまり重要ではない。重要なことは、日本心霊学会が仏教界の現実をそのように把握し、それを『日本心霊』に載せて配布していたことにある。『日本心霊』のトピックは宗教から政治まで多岐にわたっていたが、そのなかに差しはさまれる右のような記事は、寺院経営の現実で懊悩する住職に訴えかけていただろう。

日本心霊学会は、このような『日本心霊』を全国の仏教寺院に無償で送付していた。[18] 送付数は、日本心霊学会によれば毎号六万部から七万部に及んでおり、[19] 当時の寺院数が約七万余りだった[20]ことを考えると全国の寺院のほとんどに送っていたことになる。発刊時の『日本心霊』購読料は二銭五厘（郵送料五厘）となっているが、無償送付されていたとすれば、購読料は収入源としてあまり当てにできなかったと思われる。[21] 入会費（一〇円）[22]を除けば、『日本心霊』広告掲載料が最重要の収入源であった。発刊時で、五号活字一七字詰一行六〇銭、二号活字八字詰一行一円二〇銭となっており、創刊号の広告欄には、六三店舗が数行から十数行の広告を出している（図2）。毎号四面は広告で埋められることが多く、広告主はほとんどが仏具や寺院御用達の店舗であった（なお、日本心霊学会印刷部の広告も掲載されており、創刊時から印刷請負業も行っていたことが分かる）。全国寺院に無料配布される『日本心霊』だからこそ、こうした広告主にとって広告を出す費用対効果があったのだろう。そして、この広告収入の仕組みが、大量の機関紙の安定した刊行・発送を可能にしていたと考えられる。日本心霊学会の側の広告も、『中外日報』（仏教系の宗教新聞）や『教海一瀾』（浄土真宗本願寺派僧侶向け機関誌）などの仏教系の新聞・雑誌メディアに特化して掲載していた。

このようなメディア戦略が功を奏し、大正七年時点で会員数は日本心霊学会報告で六千人（ここでの会員数とは入会費を払った数であり必ずしも継続的に治療を行ったものではない）に達し、三七カ所の支部はいずれも仏教寺院であった[23]。まさに、「外護方便」として仏教教団とともに歩もうとした民間精神療法団体だったのである。

三　会員・支部から見る日本心霊学会

ここからは、会員や支部についてさらに踏み込んでみていきたい。

京都を起点にした日本心霊学会であったが、表1（一一二―一一三頁）を見ると支部の住所は北海

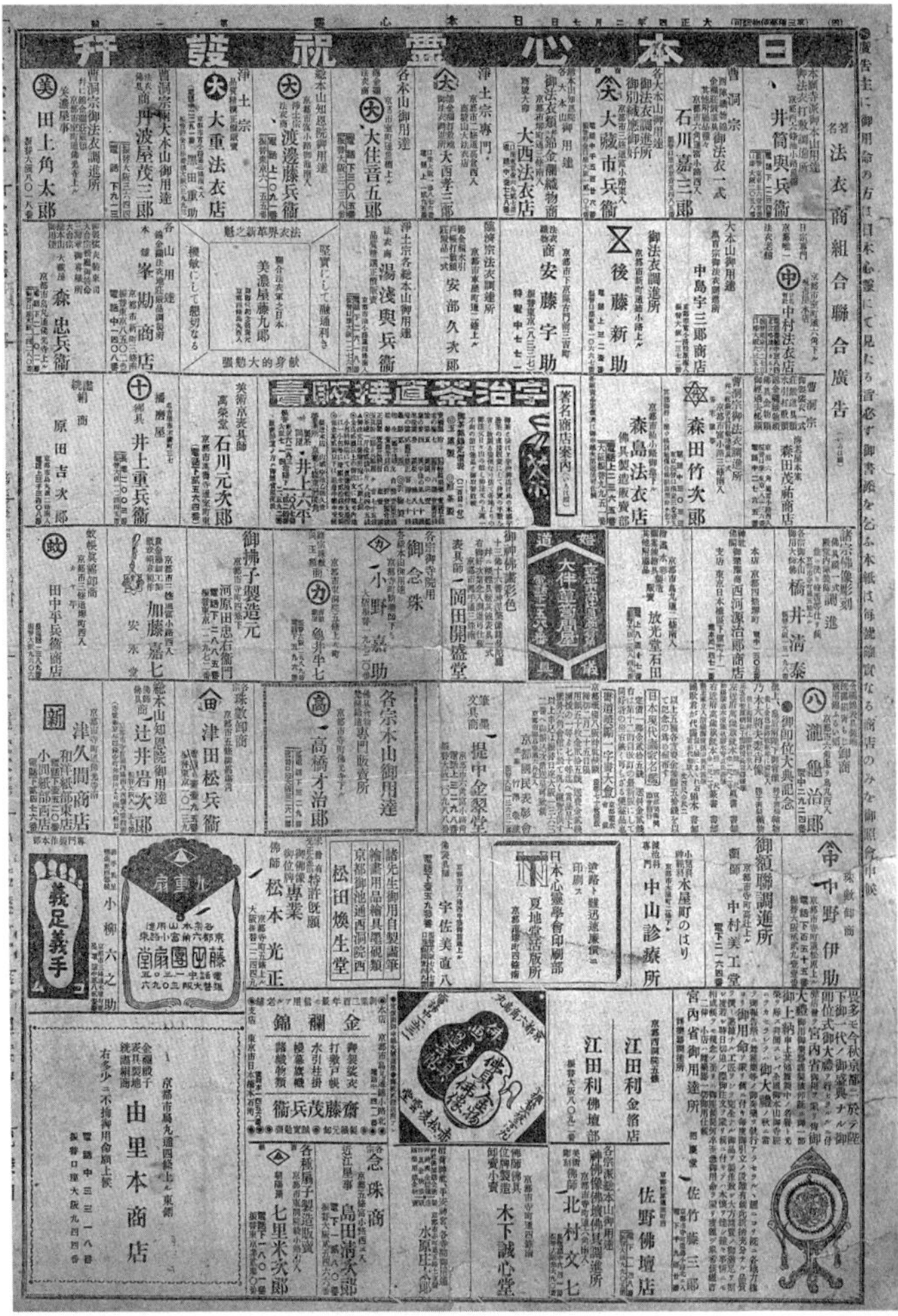

図2．広告欄

（『日本心霊』大正4年2月7日号）

道から九州、さらに当時植民地統治下であった台北にまで及んでおり、全国的な規模の民間精神療法団体であったことが分かる。宗派別にみると、多くは浄土宗寺院が支部になっているが、これは渡邊の人脈が浄土宗系にあったためであろう。むしろ、浄土真宗・曹洞宗・臨済宗・黄檗《おうばく》宗・真言宗・天台宗など多様な宗派の寺院もあることが注目される。支部長に選ばれる基準ははっきりしないが、心霊治療に堪能な者であることは必須条件であっただろう。支部長は公開治療を行って心霊治療の効果を宣伝し、治療がうまくできない会員には心霊療法を対面伝授することで、会長の渡邊をサポートするのが役割だった。支部長である住職や有力な会員による出張治療や公開治療の状況は、『日本心霊』誌上で紹介され、また「日本心霊学会員真報」欄になどで毎号一〇〜二〇人ほどの会員からの投稿により治療成績が報告されていた。

会員の傾向を一概に言うことはできないが、開教使（師）や布教使（師）の会員がいたことに注目したい。『日本心霊』第二号（大正四年三月七日）では、初のハワイ開教者として近代仏教史上に名を残す大分の浄土真宗本願寺派僧侶、曜日《かがひ》蒼龍（一八五五―一九一七）からの手紙が「疑心氷解」と題して紹介されている。この手紙は第三号（大正四年四月七日）から第一〇号（大正四年一一月七日）まで、先に見た会員募集広告「宗教家の外護方便」とセットで掲載され続けている。史料紹介の意義もあるので、その全文を紹介しておこう。

拝啓　心霊会に入会御許容し被下奉謝上候。御送附の治療秘書通読仕候処未だ会心に至り不申候へども、該博之識見深億の意義感服仕候。別紙質疑仕候、御答書奉仰上候。小生は本願寺派僧侶に御座候。中外日報及教海一瀾にて仏教外護方便広告を拝見候。我宗義上に於て深く嫌へる現祈の類には非る乎と懸念罷在候へ共、研尋の心得にて入会申込候処、其禁厭祈禱に非ることを存知するに至り、大に安堵仕候。然るに会員名簿中会員の大多数は浄宗の人々にして東西両派知名の氏名見当り不申。或は小生と同意見の疑ありて入会を遅疑するに非る乎と奉存候。仍て今後新誌広告には全く心理療法の広義を伝ふるものにして決して禁厭祈禱に非る旨告示遊され候はゞ好都合かと奉存候、右御注意迄。(24)

浄土真宗の教義である現世祈禱の禁止（雑行雑修の宗禁）から心霊治療に懸念があったが、入会してその懸念が払拭されたという内容である。文中には「東西両派（浄土真宗本願寺・真宗大谷派――引用者注）知名の氏名見当り不申」とあるが、その後、浄土真宗系の支部もできていることから、ある程度、真宗僧侶らの懸念を払拭させることができていたようである。ただ、後述するように、この問題は後年に改めて再燃することになる。

その問題に行く前に、ここでは開教・布教と心霊治療の関連について確認したい。紙面での扱いから見ても、曜日は当時も仏教界ではよく知られていたようだが、宗門の権威者というより、どちらかと言えば急進的な人物とみられていた。例えば、曜日は海外布教のために仏教の本尊をキリスト教のゴッドと同体異名にすべしと説き、伝統的立場から見れば「異安心」（異端）的とされるほど

支部長	初出号	最終号	大正4	大正5	大正6	大正7	大正8	大正9	大正10	大正11	大正12
上田如水	T040607	T070115									
角岡大善？	T040207	—									
平岡善隆	T090115	—									
石川存保	T040207	T050401									
加藤勇哲	T050315	T080715									
井上覚浄	T111215	—									
長谷川達全	T101001	—									
小林智應	T040207	T090101									
小松静巌	T040207	T050215									
	T040207	T070520									
	T070601	—									
岩城達禅	T050101	T071101									
長井轍乗	T060901	—									
	T060901	T071015									
	T060501	T071015									
松本翠月	T060501	—									
加藤天祥	T040407	—									
	T040207	—									
三枝樹亮全	T070901	T071001									
戸田台巌	T040207	T041207									
	T081015	T090915									
藤川雲瑛	T080615	—									
	T041207	T070815									
的場義円	T040207	—									
	T041207	T090115									
月輪正真	T040207	—									
喜多野俊亮？	T040407	—									
古田瑞道？	T040907	T071015									
	T090201	—									
佐藤交石	T041207	T090915									
	T041207	T090915									
曽田賢雄	T040207	T100915									
	T101001	—									
	T081015	T100915									
	T050101	T071015									
金子原教	T041207	T100915									
	T050415	T060701									
和田兵太郎	T080401	—									
林照周	T051115	T071015									
秋田貫瑞	T040207	—									
篠原雷阜	T040207	T071015									
吉水義鳳	T040407	T060701									
	T050901	T060701									
香月孝道	T040407	T050815									
岡崎秀岳	T060901	—									
貫田師	T040207	—									
小田切真勘	T041207	—									
廣瀬察成	T040207	—									
	T040207	T060501									
静永玄誠	T040407	T050915									
	T050101	T070520									
秋成魁天	T050101	—									
	T041207	T071101									
椋梨了我	T040207	T041207									
台義範	T071015	—									
藤重単信	T040207	T050415									
野村宗哲	T050501	T060501									
吉永恭山	T040207	—									
金子達源	T040207	T050501									
	T041207	T100915									
池永旭山	T040207	T040807									
	T040907	T041107									
菊地円智	T040907	—									
	T050515	T070520									
堀英矩	T070901	—									
	T090615	—									
竹中隆譚	T090615	—									
		支部数の合計	20	37	37	37	27	30	29	27	28

いる。なお、『日本心霊』紙上の支部一覧の掲載は、創刊号に始まり、大正11年5月15日号まで継続する（ただし、この間にも大正6年11月1日と同年11月15日、大正7年1月1日から同年4月1日まで、および大正8年10月1日の号には掲載がない）。その後は大正11年12月15日号、大正12年1月15日号で一時的に掲載があるのみとなる。

表1　日本心霊学会支部リスト

施設名	支部名	住所	宗派
薬師院	分院	京都市釜座二条上ル	黄檗宗
源空寺		東京市浅草区北清島町	浄土宗
一心寺		茨城県東茨城郡石崎村	真言宗智山派
新善光寺	北海道函館支部	北海道函館区春日町	浄土宗
称念寺	渡島支部	北海道茅部郡臼尻村	浄土宗
幸福寺	十勝支部	十勝国河西郡大正村→幸震	真宗大谷派
正伝寺	弘前支部	青森県弘前市西茂森町	曹洞宗
長栄寺	三戸支部	青森県三戸町	浄土宗
浄久寺	青森支部	青森県三戸郡名久井村	浄土宗
報恩寺		仙台市東九番町	浄土宗
正圓寺		仙台市東新坂通	浄土宗
長慶寺		山形県東田川廣瀬村	曹洞宗
龍光寺	福島県支部	福島県田村郡中郷村	曹洞宗
円光寺		栃木県那須郡狩野村	真宗大谷派
円福寺		山梨県北都留郡富浜村	臨済宗建長寺派
大見寺		静岡県磐田郡見付町	浄土宗
観音寺→光明寺	加茂支部・三河支部	愛知県西加茂郡猿投村→挙母町下市場	浄土宗
遍照院		名古屋市東区七小町	浄土宗
大正寺		愛知県宝飯郡御津村	浄土宗
天清院		岐阜県赤坂町	浄土宗
運信寺		富山県西礪波郡西五位村	真宗大谷派
西栄寺		石川県江沼郡塩屋村	真宗大谷派
阿弥陀寺		奈良県奈良市南風呂町	浄土宗
如来寺		奈良県高市郡船倉村	浄土宗
極楽寺		奈良県添上郡櫟本町	浄土宗
妙体寺	和歌山県熊野支部	和歌山県東牟婁郡新宮町	浄土宗
龍泉寺		和歌山県田辺町	浄土宗
法林寺	和歌山県日高支部	和歌山県日高郡湯川村	西山浄土宗
寿命寺		和歌山県伊都郡山田村	高野山真言宗
観音寺		三重県一志郡伊勢地村	浄土宗
延命寺		三重県飯南郡射和村	浄土宗
西蓮寺	滋賀支部	滋賀県甲賀郡柏木村	浄土宗
浄福寺		滋賀県甲賀郡北脇村	浄土宗
伊藤治療院		滋賀県彦根町北組町	—
宝林寺		京都府船井郡上和知村	曹洞宗
興雲寺		京都府天田郡細見村	臨済宗妙心寺派
心田院		京都府何鹿郡綾部町	臨済宗妙心寺派
和田治療院	新舞鶴支部	新舞鶴朝日通三條西	—
善林寺		福井県足羽郡上文殊村	天台宗
大連寺	大阪支部	大阪市東区下寺町	浄土宗
雲林寺	磐船支部・大阪支部	大阪府北河内郡磐船村	浄土宗
黒田寺	泉南支部・和泉支部	大阪府泉南郡東鳥取村	浄土宗
宗福寺		大阪府泉南郡箱作村	浄土宗
龍泉寺		大阪府泉南郡山直上村	浄土宗
還国寺		徳島市寺町	浄土宗
西方寺		兵庫県武庫郡鳴尾村	浄土宗
西迎寺	但馬城崎支部	但馬国城崎郡香住村	浄土宗
西方寺	香川県高松支部	香川県高松市遊園地内	浄土宗
西念寺		愛媛県今治町	臨済宗東福寺派
静永玄誠		高知県幡多郡清松村清水	—
智光寺		岡山県小田郡笠岡町	浄土宗
宝樹寺		岡山県苫田郡奥津村	曹洞宗
源泉寺		鳥取県日野郡神奈川村	曹洞宗
法然寺	広島県支部	広島県沼隈郡神島村	浄土宗
法専寺		広島県高田郡吉田町	浄土真宗本願寺派
清安寺	長門支部	山口県厚狭郡厚西村	浄土宗
大成寺		山口県都濃郡徳山町	臨済宗妙心寺派
常福寺→長岸寺	九州支部	福岡県遠賀郡島郷村→島門村広渡	浄土宗
西蓮寺	佐賀県支部	佐賀県三養基郡郡上峰村	浄土宗
西光寺		佐賀県小城郡北山村	臨済宗南禅寺派
長源寺		熊本県鹿本郡山鹿町	浄土宗
荘厳寺		熊本県八代町	浄土宗
寿専寺	熊本支部	熊本県上益城郡龍野村	浄土真宗本願寺派
聖徳寺		長崎市銭座町	浄土宗
堀治療院		長崎市出来大工町	—
馬場治療院		長崎県北高来郡真津山村	
竹中治療院		台北八甲庄　二九	—

当該年の『日本心霊』紙上の最初の支部（支局）一覧にあった支部を表にして合計した。分院は支部一覧には含まれていないが、分院設立および廃止記事を参照して表に加えた。当該年中に加わった支部は薄い網掛けにし、登場した年の合計には加えていない。支部名・支部長名は判明したかぎりで記載した。寺院の宗派は現在のものを参照して

の柔軟な解釈を示していた。もちろん、その柔軟さは海外布教の前線に立ち、その現実を直視していたためである。[25]

そのような曜日を前面に出したのは、やはり会員のなかに開教や布教に関わる僧侶が少なくなかったからではないか。次に紹介する朝鮮仁川開教使を務めた浄土宗僧侶、大島玄瑞の報告は開教と心霊治療の関係を示している。

> ……爾来余は是れを病者に施すに日に来る者数十。余は医者ではない。開教使だ。開教使には一人前以上の事務がある。即ち時間を制限し一年浄土教会なるものを設立した。そが憲法として一厘一銭の礼物を取らず唯全治者たる者、一年間浄土の宗に転ずる事を仏前に誓ふと云ふのである。僕が臨終迄この勝方便により一人たりとも浄教信徒の多からん事に努力し得るは、藤交先生の賜と感謝に絶えないのである。[26]（強調は引用者）

心霊治療で全治した患者に対して、謝礼を取る代わりに、浄土宗への転宗を約束させるというのである。海外や植民地という新たな土地で布教する僧侶は、伝統や教団に頼ることができない。教義を真正面から説いても、ほとんど通用しないだろう。そうした状況において、心霊治療は実感的な効果をもたらすことで布教の方便として働いていたのである。

明治になって新たに直面した布教の問題は、檀信徒の寺院離れの懸念があった内地の寺院にとっても同様であった。初期からの日本心霊学会の支部長であった浄土宗僧侶、加藤篤雄（一八七六～一九三九、号・天祥）の例を見てみよう。加藤については、観音寺および光明寺の後継者から聞き取りをすることできた。『日本心霊』の記録と合わせ、大まかな略歴を作ることができたので次に示しておこう。

明治九年　愛知県西加茂郡の観音寺（弘誓院末）住職、加藤篤全の長男として誕生。
明治三五年　篤全の後を継ぎ、観音寺住職となる。
明治三九年　篤雄、鍼灸術営業免許証を取得（西加茂郡役所発行）
明治四五年　篤雄、浄土宗の清国開教区員として大連に渡る。
大正二年　大連の教会所を明照寺へと発展させる。
大正四年　帰国。「大連和尚」とあだ名される。日本心霊学会に入会する。
観音寺に日本心霊学会加茂支部（後に三河支部）を置く。以後、支部長として但馬・丹波・丹後地方などに出張、公開治療や治療法伝授を行う。
大正五年　父の篤全が没する。
大正一〇年　観音寺住職を親族に譲り、光明寺（洞泉寺末）住職となる。
大正一二年　金三千円の予算で本堂を改築する。
大正一三年　納屋などの改築。開宗七五〇年法要。

昭和二年　　光明寺婦人会を発足する。
昭和四年　　浄土宗三河教区布教団理事となる。
昭和一四年　　篤雄、没する。

観音寺も光明寺ももともと直接の檀家を持たない孫末寺で、直末寺院の葬儀・法要の手伝いが寺務の中心であった。小規模な土地耕作による収入はあったが貧しかったらしい。加藤が住職になった明治三〇年代は小作農の増大と寄生地主制の確立により農村の窮乏化が進んだ時代であり、寺務であれ農業であれ、弱小寺院にとって先行きに確かなものはなかった。加藤が鍼灸術営業免許証を取得した理由は、まずは副収入確保だったと理解できよう。

だが、加藤は海外布教からの帰国後に日本心霊学会員となった。開教は単なる寺院経営の維持だけでなく、布教という積極的な目的を持つ。そのとき、鍼灸術から踏み込んで、何かしら宗教的・仏教的な意味を含んだ手段の必要が視野に入る。そのような経緯から日本心霊学に接近したのではないだろうか。加藤は日本心霊学会支部長として、精力的に地方出張や救済旅行を繰り返しているが、それは単なる副業を超えた布教的な動機が感じられる。

加藤の名前は、大正一二年初頭に『日本心霊』誌上から消えるが、その直後の本堂改築、続く婦人会発足、浄土宗三河教区布教理事就任という事績を見ると、彼が自坊の信徒獲得や浄土宗の布教で成果を得ていたことを窺わせる。今では忘れられてしまった日本心霊学会の心霊治療だが、末端寺院住職の立身に一役買うほどに仏教界に根を張り、近代仏教とともに歩んでいたのである。

四 「新宗教」としての日本心霊学会

そのような日本心霊学会が、なぜ仏教界から離脱していったのだろうか。これを考えるために、日本心霊学会の持つ宗教性について目を向けてみたい。

ここまで民間精神療法を近代仏教史に位置づけてきたが、そもそもプラクティスは仏教だけの問題ではなく、仏教に留まらない「宗教」の近代的変容に棹差している。日本心霊学会が、仏教を超えた文脈を持つことは、「新宗教としての日本心霊」(『日本心霊』大正五年八月一五日)という論説を巻頭言としても掲げていることからも自覚されている。ここで言う「新宗教」は、現代の新宗教(新興宗教)の意味とは異なる含意を持つ。自由主義神学や比較宗教学の導入を刺激として、明治二〇年代以降に仏教のみならずキリスト教や神道など諸宗教で改革派が起こり、それをラディカルに突き詰めて諸宗教を融合した新たな「宗教」を構想する改革派宗教者や知識人が現れた。その延長線上に一八九九(明治三二)年、東京帝大哲学科教授井上哲次郎の「倫理的宗教」論が登場し、諸宗教の本質は、いずれも倫理の根拠を内面に起こすことにあり、諸宗教の特殊性は競争の結果そぎ落とされ、最終的に普遍的な倫理的宗教に到達するであろうと主張して大きな反響を起こしていた。井上の倫理的宗教論は、宗教者のみならず、民間精神療法や修養論にまで大きな影響を与える。こうした状況を踏まえて明治宗教史をまとめた宗教学者の姉崎正治は、明治二〇年代以降を「新宗教試作の時代」とまとめている。[27]日本心霊学会の紙面に現れて来る「新宗教」論は、以上のような明治宗教史の総括や倫理的宗教論の議論を踏まえている。

「新宗教としての日本心霊」では、「古い宗教はその何の宗教たるを問はず今やその存在を失はんとしてゐる、而して宗教らしい無宗教や新宗教が続々として起こってくる」と現状を認識し、そのうえで、「我が日本心霊学会も亦その簇出する中の一つ」と認めている。そして、それは「果たして宗教らしくて然らざる無宗教であらうか、それとも新宗教としての性質を完備してゐるものであらうか」と問い、「人間の肉体を救ふて而して之れに信仰と自覚を新しく喚起せしめやうとする日本心霊学会の努力は、あらゆる新宗教の中でも最も民衆の生活に接触してゐるもの」であり、ゆえに「美しき近代味のある新宗教」であると結論づける。[28]

ここで述べられていることは、「仏教外護方便」を超えた日本心霊学会独自の宗教性である。もちろん、初期の日本心霊学会は仏教改革中の穏健派であり、井上哲次郎の倫理的宗教論には批判的立場であった。ただ、民間精神療法という領域そのものが、そうした「新宗教」的な側面、つまり仏教を超えた宗教性を含んでいたのであり、この宗教性ゆえに心霊治療は布教手段でありながら布教目的も兼ね備えたものとなる。それが布教における強みにもなりうるが、一方で「外護方便」という位置づけを超える可能性を持つということでもあった。日本心霊学会は、「外護方便」と「新宗教」という矛盾する立場を、『日本心霊』誌上で絶妙なバランスで両立させていたのである。

しかし、この両面性は、一九一七年（大正六）の句仏心霊事件で問い直されることになる。詳細は、本書のコラム3を参照されたいが、ここで概略のみ記しておこう。この事件は、真宗大谷派二三世法主、大谷句仏（一八七五〜一九四三、諱・光演）をめぐって発生した。句仏は若い頃から足が不自由で杖が手放せなかったが、同年六月に日本心霊学会員の真宗大谷派寺院住職常盤井真解から日本心霊学会の心霊治療を受けて効果を実感し、常盤井から毎日心霊治療を受けるようになってい た。常盤井を法主に紹介したのは連枝（法主の一族）の大谷瑩誠であり、大谷派内局もその治療を積極的に勧めていることからも、当時の宗門内で日本心霊学会の心霊治療が特に問題とはなっていなかったことが分かる。

しかし、『中外日報』紙上で、句仏の心霊治療について当時中外日報主筆であった伊藤証信が浄土真宗の宗禁（雑行雑修禁止）の破壊であると問題化し、「心霊問題」として波紋が広がったことで状況が一変する。大谷光瑩（大谷派前法主）のように宗門内で権威を持つ人物からの批判もあり、大谷派では池原雅寿（元真宗大学教授・大正六年夏安居講師）、西本願寺系では高楠順次郎（東京帝大教授・仏教学者）が心霊治療を宗禁としている。会員に多かった浄土宗系では、井上大雲（浄土宗嗣講）が「僧侶の中に公然是の如きこと（心霊治療・引用者注）を以て内実商買《しょうばい》と致し自らの信仰と称して世に流布候《そうろうこと》事実に沙汰の限りにて、此等は其宗当局者の断然懲罰処分を為さんこと至当と存じ候へ共、それさへ出来ぬ程現今何れの宗務の本山も風紀退廃致し居り」と痛烈に批判していた。(29)

こうした議論に対して、日本心霊学会は『日本心霊』巻頭言で次のように弁明した。

真宗門下の一部には、心霊治療を以て異安ならずやと疑ひ将た亦同門の所謂雑修雑行にあらずやと惑ふ人々ありと聞く、……若し我心霊治療が禁厭たり祈禱たり或ひは神秘的霊力に拠るものならば、之れ明かに一向専心彌陀の宗義に抵触し絶対他力の信念を同様せしむべし、されど我心霊治療は毫末も斯る思想及方法を伴ふものにあらず即ち勢力たり、また実に儼乎たる精神医学たる也、……然らば我心霊治療を真宗門に於ける雑行とせば一切の医学一切の科学哲学も亦然りと謂はざるべからず[30]

この弁明は心霊治療の宗教性を否定し、科学（医学）と宗教のはざまにあった心霊治療を〈宗教／科学〉の二分法的枠組みに回収しようとするものであった。結局のところ句仏心霊問題は、七月に入って大谷派寺務所から常盤井の心霊治療が「一宗の義規には全く没交渉」であるとする「心霊治療非宗禁」の達令を全国の大谷派教務所宛て出して落着する。[31]日本心霊学会は「藪を叩いて宝玉！」と、句仏心霊問題によって却って心霊治療の有効性の証明になったと喜んでさえいた。[32]しかし、初期日本心霊学会に対する仏教界のニーズは、「外護方便」と「新宗教」の微妙なバランスによって成り立っていたのであり、「外護方便」を強調してそれ自体の宗教性を捨てれば布教における有用性も減じることにもなる。

もちろん、心霊治療が宗禁ではないと承認された以上、すぐに劇的に変化したわけではない。しかし、句仏心霊問題で突きつけられたジレンマは、徐々に日本心霊学会を変質させていったように思われる。まず、日本心霊学会は、一九一八（大正七）年七月に「秘法の開放伝授」と銘打って宗教家以外の「一般有志」にも治療法を伝授することを決定する。[33] 依然として宗教家の厚遇はあったが、ここにおいて、日本心霊学会は仏教者以外に門戸を開くことにしたのである。それを反映して、同年より非仏教寺院の支部が登場しているが、同時に支部数を全盛期の三七から二七まで激減させている（表1参照）。すでに、顧客を仏教寺院のみに絞ることの限界が見え始めていると考えてよいだろう。一九二二（大正一一）年には、会員募集広告から「宗教家の外護方便」というスローガンそのものが消えている。[34] その後は、支部数を大きく増やすことはなく、一九二三（大正一二）年一月を最後に、支部寺院のリストを『日本心霊』に掲載することを止めている。

一方、この流れと交錯するように、日本心霊学会は出版に力を入れ始めている。福来友吉や野村瑞城や今村新吉の著作、関昌祐の翻訳（コラム2参照）などが続々と出版され、一九二七（昭和二）年に日本心霊学会出版部は人文書院に改名していよいよ出版業に本腰を入れ始めている。このときに、福来や今村らのアカデミズムの人脈が日本心霊学会の方針転換に与って力があったことは一柳論文でも指摘のあるところだが、それによって渡邊藤交の心霊治療理論にも変化があった。『呼吸式感応的治療秘書』を改訂した『心霊治療秘書』（大正一三年）では、福来の所説を引用しつつ、心身二元論の中間に「宇宙霊」＝「宇宙的エネルギー」＝「生命力」を主張し、「宇宙霊」との「合一」を心霊治療の基礎に置く説明がなされている。[35] 仏教の「円融一如」を評価する『呼吸式感応的治療秘書』とは、表現において異なっている。ただ、『心霊治療秘書』の説明は民間精神療法としては典型的であり、ここで日本心霊学会は理論的にも仏教を離れ、より民間精神療法的になったと言える。

一九二四（大正一三）年には、前年に『日本心霊』が月三回となったためか、公称の会員数がそれまでの六七〇〇から八二〇〇人に跳ね上がり、一九三一（昭和六）年には一万人に達している。会員や支部長に「一般有志」が占める割合も増加していただろう。例えば、大正一四年一月一日の記事で紹介された新支部の三つはすべて非寺院系であった。一九二九（昭和四）年には、自社出版部の刊行物の広告がメインとなり、仏具店など他社の広告が激減している。一九三六（昭和一一）年には旬刊を月刊に戻し、「読者の倍加運動を企てると共に他方、その余力を僚社出版部に注ぎ良書出版に力を注ぐことになりました」と述べているように、はっきりと出版業にシフトするようになる。

一九三九（昭和一四）年、『日本心霊』はついに終刊を迎える。廃刊の辞では、「日本心霊学会を創設したのは明治四十一年でありますが、爾来三十二年間、ひたすら日本精神の高揚と保険療病運動に邁進して来たのであります」と振り返る。そして「予の三十年来の希望が、最も現実的に、わが国に不可欠のものとして現はれて来たのであつて、この点予の年来の理想は満足されたと云ひ得るのであります」と続けている。ここには、もはや「仏教外護方便」の理念の跡形もない。しかし、それが渡邊藤交＝日本心霊学会の変節だとは言い切れない。「仏教外護方便」から「日本精神」への転向は、むしろ「新宗教としての日本心霊」が開花する過程だったかもしれないからである。だが、いずれにせよ、一民間精神療法団体としては、新たに簇生する療術団体には対抗できなくなっており、日本心霊学会は静かにその歴史の幕を下ろしていったのである。

おわりに——民間精神療法の比較分析から

以上の論述を踏まえ、最後に他の民間精神療法と比較して日本心霊学会の特異性を析出し、出版社として成功した理由を考えてみたい。まずは、民間精神療法において代表的かつ典型的な、パイオニアである桑原俊郎の精神学院と大正期に最も名を馳せた田中守平の太霊道と比較するところから始める。[36]

直接的教授によって精神療法の奥義を伝授する桑原俊郎の精神学院は、緩い療法家ネットワークに留まり、有機的な組織性を持ってはいなかった。雑誌『精神』は、広告メディアというよりは研究雑誌のようなテイストであった。また被治療者はクライアント以上のものではなく、一時的な治療を超えた持続的関係は考えられていない。桑原は、「宇宙精神」に合一することで精神療法や超常現象が可能となるとするが、術者も被術者も「宇宙精神」に至った後は、出発点に引き返して「日本に住むものは日本の規約、慣例、歴史に何処までも従わねばならぬ」と述べていた。桑原が想定する共同体はあくまでも日本であり、教団や信仰共同体のようなものが考えられていないことが分かる。療法家ネットワークは桑原のカリスマ性以上のものでは繋ぎ止められておらず、それゆえ、桑原の急死によってそれは空中分解してしまう。大多数の一匹狼的な精神療法家は、多かれ少なかれ、こうしたタイプであった。

これに対して田中守平の太霊道は、桑原のような直接教授ではなく、テキストやカリキュラムや「学位」を整備して精神療法教授の体系化を図っており、高度な組織性を備えていた。また、メディア戦略（一般新聞への広告・派手なパフォーマンス・機関誌発行）を駆使して入会者を募り、治病だけでなく広い意味での心霊現象に関心を持った人々を集めて、精神療法教授団体としては大正期を代表する規模へと発展した。この点で、同時期に都市部へ大々的に布教を展開した皇道大本としばしば比較される(37)。一方、精神療法（太霊道の用語では「霊子術」）の教授団体である以上、信仰共同体は形成されず結局は有力な会員は独立してしまう。この点で聖地や宗教的権威を備え、信仰共同体を志向する皇道大本と比べると組織的凝集力は弱い。田中はその反省から大正末から昭和初期に、意図的に宗教団体化（＝信仰の強調）をもくろみ、この点でも日本社会への回帰を説く桑原との違いは明白である。太霊道の宗教団体化はさまざまな障害により頓挫するが、例えば太霊道の出身者の桑田欣児などは同様の道を通り、最終的に新宗教団体として自立している。他にも藤田式息心調和法の藤田霊斎のように、組織形成に力を注いだ療法家は少なくない。

これらの精神療法と比較すると、日本心霊学会は理論的・技法的には独自性はほとんどない。「宇宙霊」と「個我」の合一は桑原以来の民間精神療法のテーマだし、腹式呼吸や自動運動といった技法は、前者は岡田式静坐法や藤田式息心調和法、後者は五十嵐光龍といった先駆者や第一人者がいた。観念操作と呼吸法の組み合わせを「腹読」と呼ぶところには、藤田式息心調和法の影響が見られる。また、腹式呼吸と自動運動と手当療法を組み合わせるところでは、木原鬼仏という先駆者がおり、同時代的には著名なところで太霊道があった。「心霊治療」という呼称は、すでに木原や藤田が用いていた。

繰返しになるが、初期の日本心霊学会の特異性は、理論や技法ではなく仏教界を顧客として限定した点にあった。組織形成やメディア戦略に力を注いだ点は、太霊道に比することができるが、仏教界の「外護方便」に徹したことによって民間精神療法一般の弱点であった組織的凝集力不足を補塡することができた。僧侶たちは基本的に自宗派に所属し、寺院住職としての職務を持つため、心霊治療はあくまでも副業であり、ゆえに住職が精神療法家として独立する可能性は比較的少なかったからである。会員たちの日本心霊学会そのものへの帰属意識は少なくても、『日本心霊』購読や寺院を舞台にした心霊治療施術のアフターケアを通じて関わりを持ち続け、一定の持続的関係を保つことができたのである。

だが、本論で指摘したように民間精神療法による「外護方便」にはジレンマがあった。そのジレンマをラディカルに指摘したのは、仏教者というより、むしろ民間精神療法や修養法に入れ込んでいた伊藤証信であったことも示唆的である。つまり、仏教界は初めから心霊治療を忌避していたわけではない。むしろ日本心霊学会のみならず仏教界もまた、句仏心霊問題を契機に民間精神療法と手を切り始めるのである（この点についてはコラム3を参照）。

この結果、日本心霊学会は新たな顧客の獲得を余儀なくされた。だが、穏健な改革を旨とした日本心霊学会は、メディア戦略で衆目を集めることにおいては太霊道に遠く及ばなかった。先述したように、精神療法としても理論的・技法的にも特に際立ったところはない。しかも太霊道的なものへの反発からか、宇宙論に及ぶ大仰な理論は徐々に精神療法界では忌避され、むしろ身体操作や手技の精緻化に向かいつつあった。例えば、藤田式は、一九一六（大正五）年頃からいち早く宇宙論を抑制し、さらに観念操作の困難さから「腹読」をも廃止し、代わりに腹の形状を改善する体操的な運動の指導に力を入れるようになっていた。昭和期に入るとさらにこの傾向は強まり、整体や手当て療法が流行する。一方、メディアを通じた精神療法としては、谷口雅春が「生長の家」を発足し、雑誌を読むことそのものが治療になるという新展開を見せていた[37]（ここが精神療法系出版社のもう一つの例である日本教文社を有することになる）。こうしたなかで、福来友吉の提唱する生命論を取り込んで治療理論を刷新したとはいえ、民間精神療法一般の動向からすれば、むしろ時代遅れでさえあった。

これに対して、仏教界を相手にしていた日本心霊学会の強みは、仏教界の主流にもあまり警戒されない理論的穏健さと数万部に及ぶ機関誌を旬刊で発行できる印刷発送能力にあった。理論的穏健さは、仏教界から離脱していくときに、今村新吉、森田正馬、石川貞吉、小酒井不木らアカデミックな（医学博士号を持つ）精神医学関係者との人脈を新たに築きやすくしていた（太霊道ではそうはならなかったであろう）。精神医学と民間精神療法を架橋し、新仏教運動にも接近していた点で中村古峡の『変態心理』（大正六年創刊・昭和二年終刊）にも比べられるが[38]、その後、自ら医師免許を取得して正規の医師として開業していく中村に対して、あくまでも日本心霊学会は民間療法の領域に留まり続けた点で異なっている。

このことは、日本心霊学会の特異性と関係があるように思われる。中村古峡にせよ、太霊道にせよ、根本的に自分自身ないしは自分の組織が治療ないし救済を提供しようとしていた。それを突き詰めたとき、中村は自らが医師となり、太霊道は自らが宗教へと転身しようとすることになった。一方、日本心霊学会は、「心霊」の世界や民間療法への理解を示す医学者や著述家の著作を発行する出版社へと転身していった。こうしてみると、日本心霊学会とは、自らの術を売り込む以上に共鳴する業界や人物を間接的に支援していくことにこそ、自己の存在意義を見出していたのではないだろうか――初期は仏教界を、後期は民間精神療法業界に肯定的な学者や作家たちを、である。つまり、日本心霊学会は、一貫して「外護方便」の団体だったのである。このような志向性ゆえに単なる権威付けとして著述家たちを利用するのではない姿勢を持ったのであり、その姿勢こそが日本心霊学会に出版社としての道を歩むこと可能にしたのである。そして、これこそが手段《メディア》が目的となるという、プラクティスの近代の一つの徹底でもあったのである。

注

（1）末木文美士『近世の仏教——華ひらく思想と文化』吉川弘文館、二〇一〇年。西村玲『近世仏教論』法藏館、二〇一八年。

（2）林淳「社寺領上知令の影響」（岩田真美・桐原健真編『カミとホトケの幕末維新——交錯する宗教世界』法藏館、二〇一八年）。

（3）吉田久一『日本近代仏教史研究』（吉川弘文館、一九五九年）には、諸座派歴史学あるいは丸山真男や大塚久男の影響があることが指摘されている（林淳「近代仏教と国家神道——研究史の素描と問題点の整理」『禅研究所紀要』三四号、二〇〇六年、四一頁）。吉田の「仏教の近代化」論を「個人化」「社会化」とまとめる整理は、大谷栄一『近代仏教というメディア——出版と社会活動』（ぺりかん社、二〇二〇年）に依った。

（4）吉永進一「はじめに」（大谷栄一・吉永進一・近藤俊太郎編『近代仏教スタディーズ』法藏館、二〇一六年）、vii～viii頁。

（5）大谷前掲『近代仏教というメディア』、一一頁。

（6）たとえば、マクルーハンの「メディアはメッセージである」というスローガンを想起されたい（M・マクルーハン『メディア論——人間拡張の諸相』栗原浩・河本仲聖訳、一九八七年、みすず書房）。

（7）こうした視点からの研究として、碧海寿広『科学化する仏教——瞑想と心身の近現代』（角川書店、二〇二〇年）がある。

（8）栗田英彦・吉永進一「民間精神療法主要人物および著作ガイド」（栗田英彦・塚田穂高・吉永進一編『近現代日本の民間精神療法——不可視なエネルギーの諸相』国書刊行会、二〇一九年）、三〇二～三〇五頁。

（9）他に仏教者から精神療法家に進んだ事例としては、平井金三、西邑霊光（元々日本心霊学会員であった）、中村幻々など枚挙にいとまがない。ちなみに鞍馬寺住職の信楽真晁も日本心霊学会員であった。鞍馬寺はのちに神智学に影響を受けて、真晁の養嗣子の信楽香雲（真純）が鞍馬弘教を立てて天台宗から独立するが、この経緯に養父真晁の日本心霊学会経験が関係していたかは不明である。

(10) 吉永進一「太霊道と精神療法の変容」(『近現代日本の民間精神療法に関する宗教史的考究――身体と社会の観点から』研究報告書・科学研究費課題番号二四五二〇〇七五、二〇一六年)、七頁。碧海寿広「第十六章「常観録」解題」(『近代化の中の伝統宗教と精神運動――基準点としての近角常観研究』研究報告書・科学研究費課題番号二〇五二〇〇五五、二〇一二年)、一七六頁。
(11) 岩田文昭『近代仏教と青年――近角常観とその時代』岩波書店、二〇一四年。
(12) 吉永進一「序論」(栗田・塚田・吉永編前掲『近現代日本の民間精神療法』)、一二頁。
(13) 日本心霊科学協会については、對馬路人「宗教と科学のはざまで――現代日本の「心霊研究」運動」(宗教社会学の会編『神々宿りし都市――世俗都市の宗教社会学』創元社、一九九九年)を参照。
(14) 石原深予「編集者清水正光と戦前期人文書院における日本文学関係出版――日本心霊学会から人文書院へ」(『和漢語文研究』一六号、二〇一八年、二六頁)。引用にあたって誤字は適宜修正した。この引用文に示された内容の調査にあたって、石原は人文書院現社長で藤交の孫である渡邊博史氏、および桑門の住持した神門寺の現住職から聞き取りを行っている。なお、渡邊藤交が最初に奉公した寺院だが、本論文集所収の一柳論文で引用されている橋本時次郎「西に藤交あり東に鉄石あり」(『精神統一』大正一〇年五月号)では出雲の「神門寺」となっているが、渡邊博史氏の話では京都の寺院であったらしい(大雲院は間借り先であって奉公先ではない)。奉公先がどこかを確定することは難しく、ここではひとまず両説あることを明記しておく。
(15) 「渡邊藤交師の経歴」『日本心霊』一九一五年四月七日。
(16) 一記者「仏教改善論の種々相」『日本心霊』一九一八年八月一日。「仏教改善論の種々相(承前)」『日本心霊』大正七年八月一五日。
(17) 逸名氏「寺院生活者の記事を読んで　私は私の感想を」『日本心霊』一九一九年三月一日。
(18) 無償送付の証言は、以下を参照。池原雅寿「呼吸式の心霊治療と真宗(上)」『中外日報』一九一七年六月二〇日。岩瀬沖天「心霊問題の反響　楳邱氏と池原氏とへ」『中外日報』一九一七年七月一一日。
(19) 『日本心霊』(一九一五年三月七日)の写真のキャプションに、「写真は本誌発行所にして京都に於ける記録破り六万余部の本紙を今や発送せんとする図尚ほ郵送受付けは五万四千三百十五部なるも市内実業家其他に配付せしもの一万部ありき」、『日本心霊』（一九一八年四月一五日）には「日本心霊紙発送光景（毎号六万部）」とある。一方、『日本心霊』（一九一七年八月一日）の写真のキャプションには、「七万二千か寺の帯封を糊す」とある。

(20)『宗教関連統計に関する資料集』平成二七年三月、文化庁文化部宗務課、二五頁。

(21)『日本心霊』紙上で会員に対して購読料の支払いを依頼する告知が繰り返し出されており、購読料は十全に払い込まれていなかった可能性が高い。

(22)乾蒐了「私も雑行を遣つた」『日本心霊』一九一七年七月一九日。

(23)乾前掲「私も雑行を遣つた」。「支部新設」『日本心霊』一九一八年九月一五日。なお、一九一四（大正四）年の会員名簿を見ると、会員数は三九〇名（いずれも仏教寺院関係者）であった。『日本心霊』発刊（一九一五年）が、会員数の飛躍的な増加を成し遂げたのであろう。

(24)曜日蒼龍「疑心氷解」『日本心霊』一九一五年一〇月七日。

(25)常光浩然『明治の仏教者・上』春秋社、一九七一年、二〇〇～二〇一頁。

(26)「序」渡邊藤交『呼吸式感応的治療秘書』日本心霊学会本部、一九一三年、六頁。

(27)栗田英彦「明治三〇年代における「修養」概念と将来の宗教の構想」『宗教研究』三八四号、二〇一五年。

(28)川瀬青城「新宗教としての日本心霊」『日本心霊』一九一六年八月一五日。

(29)井上大雲「浄土宗より観たる心霊治療」『中外日報』一九一七年七月一八日。

(30)「心霊治療は雑行雑修に非らず――特に真宗門の諸師に告ぐ」『日本心霊』一九一七年七月一五日。

(31)「飛報」『日本心霊』一九一七年七月一五日。

(32)「藪を叩いて宝玉！」『日本心霊』一九一七年八月一日。

(33)「創立十一周年　心霊治療法伝授」『日本心霊』一九一八年七月一日。

(34)ただし、『日本心霊』一九三二年四月一日に突如「宗教家の外護方便」のスローガンが、「創案者渡邊先生、又、宗門の出たるに於いてをや」という言葉とともに一時的に復活している。おそらく、行き詰まりのなかの模索だったのではないかと思われる。

(35) 渡邊藤交『心霊治療秘書』日本心霊学会本部、一九二四年、一四～一五頁（この本の詳細はコラム1を参照）。

(36) 以下の民間精神療法比較における各療法については、栗田・吉永前掲「民間精神療法主要人物および著作ガイド」および栗田英彦「心霊と身体技法——霊動するデモクラシー」（島薗進・末木文美士・大谷栄一・西村明編『近代日本宗教史　第三巻』春秋社、二〇二〇年）を参照。

(37) 例えば西山茂「霊術系新宗教と二つの「近代化」」（『國學院大學日本文化研究所紀要』六一輯、一九八八年）、栗田前掲「心霊と身体技法」など。

(38) 現在では新宗教教団の一つとして知られる生長の家だが、初期はニューソートに基づく修養団体または教化団体として位置づけていた。谷口は大正期大本を牽引した一人であったことは知られるが、同時に岡田式静座法や太霊道を実践していることからも民間精神療法の流れから理解するべき側面を持っている（栗田英彦「昭和初期「生長の家」における出版戦略」『宗教研究』九〇巻別冊、二〇一七年）。

(39) 栗田・吉永前掲「民間精神療法主要人物および著作ガイド」、三五〇頁。

謝辞　本論執筆に当たり、観音寺寺族の方および光明寺住職・日尾野心清和尚のご協力を得ることができた。快く聞き取り調査をお受けくださったことに、深く感謝いたします。また、本論に関連する内容を、第一回「プラクティスの近代」研究会で発表を行い、岩田文昭氏、木村悠之介氏から貴重なコメントをいただいた。さらに赤江達也氏主催のメディア宗教研究会にて構想発表を行い、有意義なフィードバックを得ることができた。記して感謝を表します。尚、本研究はＪＳＰＳ科研費 20K00084 の助成を受けたものである。

コラム3

句仏心霊問題

栗田　英彦

ここで紹介する句仏心霊問題とは、一九一七年（大正六）、真宗大谷派二三世法主の大谷句仏（一八七五～一九四三）が日本心霊学会の心霊治療を受けたことによって発生した事件・論争である。句仏は、諱を光演、法名を彰如というが、正岡子規に私淑して高浜虚子や河東碧梧桐と交流し、多数の俳句を残したことで俳号の句仏が一般でもよく知られている（本論でも句仏で統一）。俳人としては、句仏の代表作を書名に冠した、宗教学者の山折哲雄による著作『勿体なや祖師は紙衣の九十年』（中央公論新社、二〇一七年）で評論されている。一方、句仏は近代化を迫られる伝統仏教教団のトップとして、さまざまな毀誉褒貶にさらされてきた人物でもある。布施に頼らない宗門財政の改革を進め、海外伝導や文化・教育事業の振興などで功績を残しつつも、事業投資の失敗による巨額の負債の責任を取って法主の辞任（一九二五年）に至っており、同じような経緯をたどった浄土真宗本願寺派法主の大谷光瑞（一八七六～一九四八、法名・鏡如）とよく比べられる。両者の様々な試みや言動は、近代と伝統のはざまで時に型破りと目されて宗門内外でさまざまな議論を巻き起こしてきた。句仏心霊問題は、そのような句仏を象徴する事件の一つであったと言える。

まずは発端を確認しよう。句仏は、一四歳のときに関節硬化炎（また一説では一九才のときに結核性関節炎）に罹患し、以降ずっと足が不自由で杖が手放せなかった。当初は按摩師の石田真方に定期的にマッサージを頼んでいたが、一九一七年四月五日、連枝の大谷瑩誠（句仏の弟）の紹介により、福井県丹生群越廼村真宗大谷派寺院法雲寺の住職、常盤井真解から日本心霊学会の心霊治療を受けることになる。句仏は、常盤井の心霊治療によって足の状態が軽くなったと感じたらしい。満洲・朝鮮巡錫後の五月一〇日より、石井ではなく常盤井に毎日一回の心霊治療を頼むようになる。それによって徐々に回復し、膝の伸縮ができるようになったという。ただし、単に痛みが取れただけで、歩けるようになったというわけではないという所見もある[1]。

　ともあれ、ここまでであれば特に問題にはなっていなかった。大谷瑩誠自身が日本心霊学会の心霊治療を句仏に先立って受けており、大谷派内局(阿部恵水寺務総長・稲葉昌丸内事局長・関根仁応教学部長)もその治療を勧めていた。大谷派の最高学階位「講師」の一人、龍山慈影《たつやまじよう》さえも日本心霊学会の治療を受けて効果を感じていた。つまり、教団の中枢においても、それが「雑行《ぞうぎょう》」(浄土教において阿弥陀仏以外の仏を拝したり念仏以外の仏道修行も行うこと、雑修《ざっしゅ》とも)や「異安心《いあんじん》」(真宗における異端の意)とされていなかったことがわかる。

　それゆえ、句仏心霊問題が宗門内ではなくジャーナリズムから立ち上がったというのも頷ける。『日本心霊』紙上では、句仏の心霊治療をすでに六月一五日に記事にしているが、これが広く一般に知られることになったのは『大阪毎日新聞』六月二六日号に、次のように紹介されたことによる。

【雑行の力　句仏上人二十年来の宿痾治療　喜びの声一山に溢る】

　越前の常盤井某といふ僧侶突如入洛し、心霊の作用に依つて法主の足痛を直したしと申込みしより迷信に類することを厳禁せる宗門にありて斯る治療法を受くること余り好ましからねど、万一といふことを頼みにして阿部寺務総長を初め上局員も乗気になり先づ同じ様な病気ある二三に試みたるに不思議に利目あるより愈々法主の治療を試みることゝなり爾来連日肥満の常盤井師はこの暑さにも怯げず瞑目端座丹田に力を入れて熱心に法主の身体に治療を施すこと既に六十回此頃ではその功顕著しく現れ今迄屈伸の出来ざりし法主の左足関節は自由に伸縮の出来るやうになり百回も行へば歩行は勿論山登りでも出来るやうになるとの事に一山は悦びの声に満ち渡り居れり……

「雑行の力」と題されたこの記事が一般紙に載ったインパクトは大きかったようである。翌日には、超宗派的な仏教系日刊新聞『中外日報』に転載され、同紙上で大きな波紋を呼ぶことになるのである。

このときの論争の口火を切ったのが、『中外日報』主筆の伊藤証信（一八七八～一九六三）であった。六月二八日に楳邱の筆名で論説「大谷派法主の宗禁破壊か」を発表、以後、七月八日までほぼ毎号にわたり一面の言論欄で取り上げて、稲葉や関根ら大谷派内局の責任を追及した。最初は、心霊治療＝雑行派の勢いが強い。池原雅寿（大谷派大正六年夏安居講師）、大谷光瑩（大谷派前法主）らが相次いで批判的意見を『中外日報』紙上に表明、稲葉も「世の誤解を招く恐れある[2]」として句仏に心霊治療中止を建言している。句仏は早くも六月二九日には心霊治療を休止して連枝や重役とともに宗義違反か否かの協議を始め、七月五日には心霊治療中止を決定している。『中外日報』七月八日号に中止決定が報じられて以降は、言論欄での心霊問題追及はほぼ中断されるが、二～三面では門末僧侶による心霊問題に関する質問書提出が報じられ、読者からの質問も頻繁に掲載されるようになる。句仏心霊問題の火は十分に燃え広がっていったといえよう。

一方、心霊治療＝非雑行派の声は、七月五日頃から報じられるようになる。まずは黒田天外（京都新聞記者・密教系の精神療法家でもある）や龍山慈影らの主張が載り、続いて大谷瑩誠が「若し宗禁破壊なら自決する」という強い口調の陳述を行った。内局に近い連枝の決意表明は、その後の行方を占っていたのかもしれない。一〇日、大谷派寺務所は全国の教務所宛てに常盤井の治療を「一宗の義規には全く没交渉」とする達令を出すに至るのである。ただし、この達令は中外日報社には知らされなかったようで、これが『中外日報』で記事になるのは二五日という遅さであった。『日本心霊』が七月一五日号でこれを報じていることを踏まえると、中外日報社・日本心霊学会それぞれに対する大谷派の距離感を窺うことができる。ともあれ、これ以降『中外日報』一面の言論欄での批判が再開されて楳邱こと伊藤は大谷派門末や本願寺派、さらに仏教諸派をアジテートするが、八月半ばを過ぎる頃にはこの話題そのものが下火となっていった。中外日報社内では、心霊問題を導火線として内局や大谷家の問題まで切り込もうとしていたようだが[3]、その目論見は挫折したと言ってよい。

この間に旬仏心霊問題を『中外日報』紙上で論じた者は、他に赤松連城（本願寺派勧学）、大須賀秀道（真宗中学教授）、太藤順海（大谷派安居講師）、福来友吉（心理学者・元東京帝大教授）、河崎顕了（真宗中学校長）、石川舜台（大谷派前寺務総長）、谷本富（教育学者・元京都帝大教授）、本多主馬（大谷派講師）、井上大雲（浄土宗嗣講）、利井興隆（本願寺派僧侶養成機関「行信教校」校主）、宇野円空（宗教民族学者・本願寺派寺院出身）、高楠順次郎（仏教学者・本願寺派系）、武内了温（京都帝大哲学科卒業生・大谷派寺院出身・のちの社会運動家）らがいる。また、波紋は仏教界を超え、キリスト教系の『基督教世界』でも旬仏心霊問題の記事が出ていた。

このなかで、明確に心霊治療＝雑行という見解を堅持したのは、伊藤の他は、池原、高楠、井上、そして『基督教世界』の論者ぐらいであった。いかに当時の仏教界が民間精神療法を問題視していなかったかが分かる。これを徹底的に追及した伊藤証信は、むしろ仏教を脱して超宗派を志向した人物であった。伊藤はもと真宗大谷派僧侶だったが、明治末に霊的体験を得て僧籍を返上、仏教に留まらない「無我愛」を提唱して河上肇ら多くの知識人や青年層に影響を与えたことで知られている。一方、伊藤は東京時代から福来友吉や静坐法指導者の岡田虎二郎を訪ね、中外日報社時代には社主の真渓涙骨とともに京都済世病院で岡田式静坐法を実践し、昭和期には生長の家の谷口雅春とも交流している(4)。決して民間精神療法・心身修養法の批判者ではなく、むしろシンパサイザーだったと言ってよいだろう。

句仏心霊問題における伊藤の主張は興味深い。伊藤によれば、日本心霊学会を含む精神療法であれ、静坐法や息心調和法のような修養法であれ、それをやり抜けば「独立の宗教」なのであり、それゆえ「真宗を一途に進んで宗教的節操を保つのも静坐法乃至黒住教を一途に進んで宗教的節操を保つのも、宗教的節操に於ては同じ事となるのである(5)」という。つまり、伊藤は心霊治療に宗教性を認めるがゆえに、翻って真宗にも自己の念仏への信念に対する「宗教的節操」を求めるのである。その主張は同じ民間精神療法圏域にありながら、「外護方便」を謳う日本心霊学会とは、決定的にすれ違う——『日本心霊』大正六年七月一五日号に掲載された渡邊藤交と伊藤の対面による問答では（相手側の紙面とはいえ）伊藤の舌鋒は鈍い。宗教性を実践の意味内容ではなく徹底性に見る伊藤の議論は、形式論理においては突き詰められているが、宗教／世俗の区別を超えてあらゆる行為に適用されてしまい、現実的ではない。インパクトは大きかったが賛同者が少なかったのはそのためだろう。だが逆に言えば、そこまでラディカルな論拠から熱を帯びて問題提起しなければ[6]、句仏心霊問題はスルーされていた可能性もある。実際、大谷派内局の幕引きによって句仏心霊問題は容易に鎮火されてしまうことになる。

しかし、心霊問題は潜在的に燻り続け、後に別の形で再燃する。一九二九（昭和四）年当時の大谷派内局（大谷瑩誠宗務総長・阿部恵水参務・下間頼信教務部長）が、法主を辞任した句仏をさらに僧籍削除に追い込んだとき――いわゆる句仏問題――、その削除理由に「雑行雑種の迷信を堕地獄の因とする宗意安心の上から一刻も捨くことのできない」、「透視の迷信を信じられたこと[7]」を挙げているのである――当時の句仏は透視実験の確認のため本願寺境内の埋蔵物を発掘していた。山師的なこの一件と長年の宿痾ゆえの心霊治療への傾倒とは心情的には懸隔があるが、この僧籍削除理由の立て方には大谷派内局の心霊問題に対する意識の変化が垣間見える。

このような変化の背後には何があったのか。句仏擁護派の急先鋒だった近角常観が批判するように、僧籍剥奪という目的のために「俄か造り[8]」に内局が捏ね上げた理屈にすぎないのか。これを判断するには、いまだ不明なことの多い句仏問題の詳細な調査が待たれる。しかし一つ言えるのは、伊藤の提起した「宗教的節操」の問題は、このときに法主批判へと矮小化されて内局擁護の論理へと転化し、心霊治療＝雑行説は宗門の中心的な見解となったということである。

（1）「句仏法主の足が動く」『日本心霊』一九一七年七月一日。稲葉昌丸「心霊問題と法主」『中外日報』五三六七号、一九一七年七月四日。
（2）「稲葉内事局長建言」『中外日報』五三六七号、

一九一七年七月四日。

（3）「心霊治療問題を導火線とし之れが背後に潜める大谷派内庭問題起こるならんとの一部少数者間の予想的中」（「東派内事廓清の責任　両連枝との関係」『中外日報』五四〇四号、一九一七年八月十七日）。

（4）柏木隆法『伊藤証信とその周辺』不二出版、一九八六年、二九一～二九四頁。栗田英彦「国際日本文化研究センター所蔵静坐社資料――解説と目録」『日本研究』四七巻、二〇一三年、二四四頁。

（5）伊藤証信「宗教的節操（三）附、福来博士に答ふ」『中外日報』五三八三号、一九一七年七月二二日。

（6）柏木隆法編『伊藤証信日記（二）』（一九九六年、二六～二九頁）でも、伊藤みずから句仏心霊問題に「甚夕熱心」であることを認めている。句仏にも直談判を申し込み、朝永三十郎・河上肇・米田庄太郎らにも「心霊治療研究会ニ望ム」という書簡を出している。なお、『伊藤証信日記』の入手には、中川剛マックス氏のご厚意を受けた。ここに記して深く謝意を表する。ありがとうございます。

（7）田代喜次郎編『大谷派時局問題事情――限定相続より僧籍削除まで』小林印刷所、一九二九年、六二頁。

（8）近角常観「真宗の絶対義と権仮相対の妄見」『信界建言』四号、一九三〇年五月二〇日、一頁。

第四章　越境する編集者野村瑞城

――『日本心霊』紙上の「神道」と「民俗」を中心に

渡　勇輝

はじめに

本論は、『日本心霊』記事の紹介とともに、日本心霊学会の編集者であった野村瑞城《ずいじょう》の言説の変遷に注目することで、『日本心霊』における「神道」と「民俗」の議論を参照し、同時代的な視野からその論点のひろがりをとらえなおそうとするものである。

近年の宗教思想史研究は、オカルト研究との架橋によって飛躍的に進展した。かつてオカルト研究は、近代の合理的世界に対する非合理的世界への注目から近代社会の様々な問題点をあぶり出した。しかし、近年では一見して非合理と思われてきたものが、実はすぐれて合理的な言説を伴いつつ近代社会に浸透していく様子が明らかにされ、二項対立をこえた複雑な状況を解くために不可欠な領域であると認識されるようになってきた。『現代思想』が「陰謀論」の特集を組んだことは記憶に新しい[1]。

このような相補的な問題を提起した吉永進一は、これまでの合理と非合理の反動サイクルという社会モデルに対して、歴史的な視座から「呪術の近代化」を指摘し、その顕著な例を民間精神療法団体の活動にみた[2]。民間精神療法団体は、その療術の理論を当時の先端的な学知と技法にもとめ、メディアを効果的に活用することによって、自らが最も「科学」的であろうと競争をくりひろげた。その光景は「科学」と「宗教」という二分法に慣れた近代的な視点からは見えざる領域として位置していたが、栗田英彦はその闘争の政治性に着目し、霊術を好事家的対象から現実社会の問題に解放している[3]。

こうして近年、「宗教」概念そのものの問いなおしが進むと同時に[4]、「科学」とも「宗教」とも言えない豊穣な言説空間の存在が明らかになってきた。その先陣をきる近代仏教研究では、たとえば大谷栄一の研究に示されるように、仏教の近代化に先端的な学知が導入され、メディアによってグローバルに展開する「近代仏教」の功罪が明らかにされている[5]。また、岩田文昭は「実験」という宗教体験の言説が煩悶青年への布教で重視されたことを指摘した[6]。さらに碧海寿広は、仏教の近代化に心理学や霊学の問題を射程に入れることで、近現代仏教の複雑な過程を描きなおしている[7]。

これら近代仏教研究の進展に対して、近代神道研究でも新しい動向が生まれつつある。「国家神道」と呼ばれた近代の「神道」の再検討が進みつつあるなか[8]、それまで対抗言説として自明視されてきた「民俗」もまた同時代的な再考の射程が求められるようになった[9]。なかでも斎藤英喜は、折口信夫を神道史の文脈からとらえなおすことで、近代神道における批判的言説の新しい視角を開いている。[10]また、木村悠之介は「神道」概念をめぐる「科学」と「宗教」の具体的な検証を行っており、[11]これらの新しい動向は、やがて近代宗教史再考という総合的な展望を持ち得るものと言えるだろう。

こうした研究動向を踏まえたとき、本論で取り上げる野村瑞城は、近代の仏教と神道のみならず、歴史や民俗を心霊の領域から越境していく興味深い人物としてあらわれる。なぜなら、野村は『日本心霊』において仏教思想から原始神道論、さらには柳田民俗学と依拠する主軸を次々と変えていき、その先端的な知を紙面にまとめていくからである。

この野村瑞城（政造）とは謎の多い人物であり、『日本心霊』の編集主任として複数のペンネーム[12]を使って多くの記事を執筆しながら、昭和五年（一九三〇）を最後に忽然と紙面から姿を消している。石原深予は、野村の脱退後に編集者として活躍する清水正光に注目し、日本心霊学会から人文書院への転換期に独自の人脈を形成していったことを明らかにしているが、[13]清水以前の野村の時期はまだ不明な部分が多い。

野村の詳しい経歴については、本書所収のコラム、菊地暁「日本心霊学会編集部代表・野村瑞城（政造）の作品と略歴」を参照のうえ、本論では野村の『日本心霊』紙上の言説を中心に検討することで、野村編集時代の『日本心霊』について考察を深めていく。その軌跡をたどることは「神道」のみならず、心霊研究と民俗学という学知の観点からも興味深い論点を取り出すことができるだろう。

心霊研究と民俗学の関係は、これまでも多くの議論がなされてきた。なかでも大塚英志は、柳田国男とオカルトとの関わりに注目し、その思想の近似性を指摘しているが[14]、ここには横山茂雄が指摘するように、心霊研究と民俗学がともに一九世紀後半に勃興した新しい学知であったことが注意される[15]。とくに柳田民俗学においては、岡安裕介が指摘しているように精神分析との交渉が色濃く示されており[16]、心霊研究もまた心理学の成果を有効に援用したことが一柳廣孝によって明らかにされている[17]。ここに両者は、世紀転換期に最先端の学知として流入した学問の鬼子として現出するのである。

以上のような問題意識に立ったとき、野村の言説はあらためて注目できるものであり、野村の検討を通して柳田国男もまた、これまでの民俗学形成史からは見えなかったネットワークを照らすことができるはずだ[18]。本論では、野村の軌跡をたどりながら、その言説の形成過程に注目することで、これまでの枠組みでは見えてこなかった「神道」や「民俗」のひろがりを『日本心霊』からとらえてみたい。

一 「霊肉一致」と高僧伝

『日本心霊』において確認できる野村瑞城の最初の記名記事は、大正四年（一九一五）第二号にある「霊肉の共鳴」と題された記事である。野村は、第一号の「社説」として掲載された渡邊藤交の所説を受けて、「吾輩は更らに霊肉一致の要を提唱せんと欲す[19]」と述べている。まずは、藤交の「社説」を確認することによって、『日本心霊』立ち上げの意志を確認しておきたい。

元来十九世紀に於ける科学の発達は徒らに科学万能の痴夢に耽らしめ、官能の世界、肉の世界を重じて霊の世界精神の世界を圧迫した。とは云へ到底永くこの圧迫に堪え得べきものではない。即ち肉に対する霊の反動の起るべきは当然である。〔中略〕再び内部の熱烈なる情生命なるもの之れに反抗して頭を擡《もた》ぐべき時代となつたのである。[20]

ここでは「科学万能の痴夢」によってもたらされた「肉の世界」に対して「霊の反動」が示される。そして、「内部の熱烈なる情生命」は、「斯くしてオイケンの活動主義の哲学、ベルグソンの直覚主義の哲学なる新唯心論を導くに至つた」（同前）として、直観や体験を強調する哲学の動向が引かれていく。[21]藤交は、「心霊の救済は即身体の安易を導くもの[22]」であり、「心霊の研究により進で霊肉の救済」を行うことが「仏陀の大慈に副ふ所以」であると説き、ここに仏教思想の基盤を見ることができる。

野村は、このような藤交の「霊肉救済」の思想を受けて、さらに「霊肉一致」が理想的な状態であることを説こうとしていた。そして、この「霊肉一致」の境地にある理想的存在は、「吾輩、属々《ママ》古来高僧哲人の伝記を読みて、そこに宗教的奇跡を見る、然かもこの奇跡を側面より観ずれば霊肉一致の象徴にはあらざるなき乎[23]」とあるように、悟りを得た「高僧」に求められていく。

こうして野村は、その後「みづしろのや」名義で「仏陀を繞《めぐ》れる女性」（第一五号〜第一八号）や「精神文化の片面観」（第二一号〜第三五号）を連載し、聖徳太子や空海、法然などを「霊肉一致」の理想的存在として論じていく。注目されるのは、仏教思想の影響の大きさを指摘している次の部分である。

我国には古代より特殊の精神的文化を有せりと見るよりも、之れを有せざりしと見るが、〔中略〕一面より言へば、大陸の大なる文明が我固有の文化を圧倒したりしなりとも謂ふを得ん歟、而して之は啻《ただ》に古代文化史上の事のみにあらざることを記憶せざるべからず[24]。

野村は、「我固有の文化」は常に「大陸の大なる文明」に圧倒されてきたと論じており、それは「古代文化史上の事のみ」ではないことを記している。後述するように、このような野村の認識は、その後の軌跡をたどるうえで重要なので、確認しておきたい。

もう一つ注目される点は、この時期に「社告」で「諸国の奇談」が募集されていることである。第一三号には「冬の夜の徒然読者諸君の一興に供すべく江湖諸賢に向つて　諸国の奇談　寺院の伝説を募る　事実に趣味あれば、文章の拙劣を嫌はず、本会編輯部宛に稿を寄せられよ　掲載せるものには景品を呈す[25]」とあり、実際に第一五号から第二三号にかけて「幽霊問答」（兵庫県養父郡西谷村、上垣鷹蔵）や「法螺貝の紋」（加賀能美郡安宅町双扉吟社、阿見宗作）、「亡霊のあやし火」（朝鮮蔚山浄土宗教会所、成田貞演）などの投書が紹介された。ただし、この段階では寺院伝説が中心であり、あくまでも「読者諸君の一興」のための企画であったことを、後述の問題のために留意しておきたい。

続いて紙面の様子をみてみよう。当該期の『日本心霊』には、仏教のみならず神社への支持拡大を狙う記事もみえるが[26]、仏教者に向けた記事が多く認められる[27]。そのなかでも議論の中心となっているのは、宗教者はいかに社会貢献できるかという問題だった。

たとえば、「街頭へ、街頭へ」と題された一面記事では「吾人は僧侶諸師が時に応じ機に臨み活人生の教化救済のために寺院より街頭に出でられんことを望む、さらば出でよ、書斎より街頭へ、堂塔より街頭へ[28]」と扇動しており、別の記事でも「近時、各宗教家が、其派別の如何を問はず、進んで実社会に接触し、社会問題を討究せんとするの風あるは、吾人の太だ欣快として措かざる所也[29]」とある。一方で「精神界の権威を以て居るべき宗教家、僧侶が書画骨董商の下廻の如く商事に奔走」することは「地獄のドン底に堕落せるもの」と批判する記事も見受けられるが[30]、当該期の紙面は仏教者の社会進出という近代仏教の特質の一面をよく示している。

それでは、編集者の野村にとって、理想的な宗教者の社会活動とはどのようなものかと言えば、それは心霊治療の実践にほかならなかった。野村は、「今日の宗教家の中には、心霊の威力を理解せざる人がある」として、これを「現代の科学的風潮が宗教々育界にも取入れられた結果の弊害の一面を暴露したもの」とし(31)、次のように考えていく。

明治以前の宗教家は常に精神医として活動した、但し自然科学の発達した西欧文明の輸入と共に、其科学は、病患治療の方法と且つまた其職能をいつの間にか宗教家の手から奪つてしまつた、然るに其結果はどうであつたか、かの科学は神秘に玄妙な扉を終に開き得なかつたではない乎（中略）私は思ふ或る宗教家が何も霊力を持つてゐないのではない、たゞ之を発現せないのである、否その方法を知らないのであると……これ実に宗教家が、私達と供に真面目に考へなければならぬことではないか(32)

宗教家は元来「精神医」であり、「自然科学の発達した西欧文明」がその職能を奪っていったとする認識は、医術の近代化を考えるうえで鋭い視点をもっている(33)。同時期、『日本心霊』は大谷句仏の心霊治療をめぐって紛紜《ふんうん》するが(34)、野村は宗教者の社会進出という状況を眼前にして、宗教者の本来的な職能に目をむけていく。「病患治療」という職能の起源に思考をめぐらせたとき、野村は「霊肉一致」の理想を残しながら、その軸足を徐々に仏教思想から原初の療術へと移していくことになる。

二 「シヤマニズム」への傾倒と「神道」の発見

大正一一年（一九二二）、第一五七号には「某氏談」とする記事が載せられている。

画家の橋本関雪君が外国から帰朝して「欧米に於ける霊媒がいろ〳〵の予言をすると云ふやうなことが流行してゐるので一寸驚いた」と云つてゐる所がこれと反対に日本ではこの霊媒はだん〳〵尠《すくな》くなつて今日では一部の心霊学者や催眠術師が実験用にしてゐるか又は辺陬《へんすう》の地にそれがゐるにすぎぬ霊媒とはつまり日本のミコのことで、昔の日本、殊に太古に於てはこのミコ非常な勢力のある職業階級だつた、ミコは即ち御子で神の子である、或はこれをカンナギと云ひ、延喜式には「巫」をミカンノコと訓んでゐる、カンナギもカンノコも神の子の略称である〔中略〕即ち神の子として神に供へ、人の祈願を取りつぎ、神の意志を〔ママ〕人を取りつぐ仲介者と見るべきものである、人と神との間の仲介者たるのみならず病気の如きもこのミコが治療したものであつた〔中略〕たゞ不幸なことに彼れ等の多くは無知である、見識もなければ今日の科学についても全然知るところがない、殊に彼れ等に信仰があるにしても、夫れも大抵は原始的な考へか迷信にすぎぬために却つて弊害を流してゐる(35)

「某氏」は「欧米に於ける霊媒」の流行に対して、日本の「霊媒」が衰退していることを語る。注目されるのは、日本の「霊媒」とは「ミコ」のことであり、それは太古において「非常な勢力のある職業階級」で、「ミコは即ち御子で神の子」であると語られている点である。これは柳田国男の議論に酷似しており、「某氏」が何者かを想像させるに足る情報を残しているが、この記事の最後で「ミコ」たちを「無知」や「迷信」と断じている点は柳田の態度とは異なるものである。大正一三年（一九二四）に野村が著した『原始人性と文化』を見てみると、この「某氏談」記事とほぼ同じ文章が使われているため、[36]この記事は「某氏談」としつつ野村自身が執筆したものと考えられるが、この時期から野村が柳田の議論を参照していたことは間違いないだろう。

柳田の巫女論の具体化は大正二年（一九一三）に『郷土研究』で連載された「巫女考」まで遡るが、当時の『郷土研究』の流通部数と知名度を考慮すると、より広範に認知されたのは、丁酉《ていゆう》倫理会から発信された大正七年（一九一八）の「神道私見」だと思われる。柳田は「神道私見」において、「ミコ即ち神の子と云ふことである証拠は、それこそ例の延喜式を出して見ましても、幾らもあります」と述べ、「ミコ」は「神に代つて答へる為のメディアムであつた」としている。[37]野村による「某氏談」記事からは、柳田の「巫女考」や「神道私見」の影響が見られ、当該期の受容として興味深い。[38]

そもそも柳田は、明治期から「天狗の研究をして居るといふ」噂が文学界でたつ「魔界の現象」の探求者であった。[39]柳田は大正七年（一九一八）には中村古峡の『変態心理』に「幽霊思想の変遷」

を寄稿しており、このころから本格的に心霊研究関係の編集者の目にも留まりはじめたものと思われる。そのなかで野村は柳田を発見し、「ミコ」が太古に重要な職能をもち、病気治療も行っていたことを取り入れていくのである。

ただし、このころの野村は、数多くの古代史研究者の一人として柳田を参照していたに過ぎない。野村はある記事で、「土俗研究家として知られてゐる柳田国男氏」を引きつつ、「死霊恐怖の面影」として竹串を立てる風習に触れている。(40) これは前述した「幽霊思想の変遷」の内容であり、野村が『変態心理』の同論を読んでいたことを示すものであるが、その目的は「未開人は未だ開けざる文化人であつたに拘はらず、神秘に対する感覚は遥かに我々より優れてゐた」ことを明らかにするためであり、西村眞次や喜田貞吉、久米邦武、木村鷹太郎など多くの古代史研究者の説が参照されている。

なかでも重視されたのは西村眞次のようである。野村は次のように、「ツングース族」との同一性を主張する西村説に拠った「日本人」起源論とともに、「シヤマニズム」と「原始神道」の一致を確認する。

精神の勝れた人—と云ふよりも今日の言葉で云へば或種の霊能者によつて指導され、其の指導によつて漸次に発達して来た原始状態を知らうとするなれば、東亜の宗教とも言ふべきシヤマニズムのことを知るの必要があらう、何故なればシヤマニズムは、我神道と起源を同じうするものであると云はれるから〔中略〕然して西村氏は我原始神道の形式をシヤマニズムとの類似点をあげ、〔中略〕然り、原日本人の祖先たるツングース族がシヤマニズムの民族であり、更に原始神道とシヤマニズムと甚だよく似てゐる点から見れば、何人も此説を否認することは出来まい[41]

さらに、同じ連載もので「日本の原始時代程、宗教的情感、もつと適切な意味に於て云へば、正しき霊的意識、霊的感情が社会的凝集力の一要素となつた国土は他に類があるまいと信ずる[42]」と述べており、原始日本の卓越性が主張されていく。これら大正一二年（一九二三）ごろの連載は無記名が多いが、前述した野村の単著である『原始人性と文化』の議論と一致しており、その多くが野村の執筆によるものと考えられる。

ここで問題になるのは、前節で述べたような大正五年（一九一六）に「我国には古代より特殊の精神的文化を有せりと見るよりも、之れを有せざりしと見る[43]」と、仏教思想の価値を論じていた野村が、なぜ「原始神道」へ転回できたのかということだろう。

ふたたび野村の『原始人性と文化』を見ると、「原始人」は「霊主肉従の生活か、少くとも霊肉一致の生活を営んだ[44]」とされ、「驚くべきは古代人のアニミズムと現代科学とが一致せんとすることである[45]」と述べられている。このような議論を助けたのは、やはり西村だったようだ。同書の「序」には西村眞次と福来友吉の名がとくにあげられており、同時期の西村の著書『文化人類学』には、興味深い一文を認めることができる。

世界大戦以後、学界に現はれた二つの傾向は、古代研究の盛んなことと、歴史を世界的に綜合しようとする企図の多いこと丶である。これらの新傾向は、共に人類学的だと批評することが出来る。古代研究の盛んなことは、行き詰つた現代文明を行き詰らなかつた古代に遡源させて、そこから今一度新らしく踏み出さうとするのが主因であらう。歴史を世界的に綜合しようとする企図は、恐らく帝国主義的な闘争観が誤つた方向へ文化を導いたことに気注いて、世界主義的な協同観に基づいた新傾向へ世界の民衆を導かうとする努力に基因してゐるのであらう。[46]

西村の現状認識からは、第一次世界大戦後の学知がどのような方向に進んでいたのかを知るためのトピックが出揃っている。すなわち、ヨーロッパという「文明」諸国で戦争が起こったことへの批判意識と「日本」の世界史的使命感の醸成であり、[47]不可逆的な進歩史観に対する懐疑からの復古革新論の台頭である。[48]さらにそれは、同時代的には「国民国家」の枠組みを越えた「民族的ナショナリズム」の形成[49]と重なるものであった。野村の軌跡は、第一次世界大戦を経たあとの思想潮流を如実に反映しているのである。

しかし、当時このような帝国日本の状況に即した学知を形成した論者は、井上哲次郎や鳥居龍蔵、宇野円空をはじめ数多く存在したが、なぜ野村は西村眞次をとくに取り上げているのだろうか。これは推測に留まるが、西村がはやく明治三九年（一九〇六）にメーテルリンクの『神秘論』を翻訳していたことは関係しているかもしれない。『日本心霊』は大正一〇年（一九二一）の第一三三号からしばらく、「本会の提唱する心霊治療法は英国心霊研究会及び世界的神秘哲学者メーテルリングの意見と合致する霊能現象たり」という宣伝文句を掲げており、大正九年（一九二〇）には大阪毎日新聞社の高田元三郎がメーテルリンクの『永遠の生命』を訳したことを受けて、『日本心霊』でもあらためてメーテルリンクの紹介がなされている。[50]野村にとって、西村は古代史研究の先端的存在であったのみならず、心霊研究の先駆者でもあったのである。

さて、野村は『原始人性と文化』以降、『白隠と夜船閑話』や『民間療法と民間薬』など毎年のように著作を発表し、その情報収集力と速筆ぶりを遺憾なく発揮していくが、これらの著作も『日本心霊』での無記名連載が元になっている可能性が高い。無記名記事の検証は今後の調査を待つよりないが、野村は昭和期に入ると、自身の立場をより明確に固めていく。

三 「フオクロリスト」の自覚と柳田国男への接近

大正一三年（一九二四）、『日本心霊』第二一三号には『原始人性と文化』刊行を知らせる広告欄がある。著者に「日本心霊編輯主任　野村瑞城著」とあることから、野村はこのころには「編輯主任」の立場にあったことがわかる。初期のころの『日本心霊』には木患・克巳・逸堂・紫郎・ふじ・楽など多くの編集者の記名をみることができるが、これらの記名は徐々に少なくなり、昭和期にかけて野村の存在感が増してくる。
たとえば、「編輯部より」というコラムには、「編輯主任の瑞城氏も近来何か頻りに研究してゐる、いづれそれは発表されることだと思ふ」[51]とあるほか、「編輯部主任の野村瑞城氏は、最近ある事に没頭して居られるので、氏の仕事まで自然に手伝ふべく余義《ママ》なくされる」[52]など、野村の近況を知らせる報告が増えてくる。また、第四一号から続く「質問応答」のコーナーでは、「(問) 瑞城先生にお伺ひします」と、野村を指名する質問もあらわれ、実際に野村が回答を行っている[53]。これにはさすがに「直接に質問せられる方があつてもお答へしませぬからどうぞ其お積りで」と付記されているが、野村は『日本心霊』の顔と認められるほどの存在感を示していたようである。

このころ、日本心霊学会は一つの転換期を迎えていた。昭和二年（一九二七）に「日本心霊出版部」を「人文書院」に改名する告知がなされ、その方向性を徐々に変えていくことになったのである。改名を知らせる「会告」には「従来の名称では、時としては誤解を伴ひ時としては範囲が限局する事がありますので」[54]という理由が述べられているが、同時代的には昭和五年（一九三〇）の警視庁令「療術行為ニ関スル取締規則」による影響が指摘されているほか[55]、内外の複雑な要因が関わっているものと推察される。

野村の記事も、人文書院改名との連動は定かでないが、このころから趣向を変えていくことが確認できる。「ツングース族」と「シヤマニズム」の議論は潜められ、柳田民俗学の前景化が進んでいくのである。

たとえば、昭和二年（一九二七）には「王而山」名義で「民俗閑話」のコラムが見えるほか、昭和四年（一九二九）から「瑞城生」名義で「山の神」と題された連載が一四回、「ZN」名義で「お稲荷さま」の連載が六回、昭和五年に「俗山伏と行者考」全七回、「村の生活」全八回などの連載が陸続する。

とくに、「お稲荷さま」以降、柳田のみが「柳田先生」と呼称されるようになり[56]、このころに直接、間接を問わず、柳田と何らかの関係をもった可能性が指摘できる。

また、昭和四年（一九二九）には、無記名ではあるが「各地方の言ひ伝へや俗信や又は俚諺等の御投寄も願ひます[57]」と告知があり、翌年にも「各地に於ける俗信や伝承を蒐集して研究する事は各地方の民間心理を知る上に興味のある事だと思ひます、各地の読者もお心づきの事があればご報告を願ひたいと思ひます[58]」という呼びかけがある。「伝承を蒐集」して「民間心理」を知るという名目は、第一節で触れたような「一興」を目的とした奇談募集とは違い、柳田による組織的な民俗採集を思わせる。

さらに、昭和五年（一九三〇）の第四三六号と第四三七号には、京都帝国大学で開かれた民俗学会における西田直二郎と折口信夫の講演筆記要旨が掲載されている[59]。菊地暁は、当時の出席者名簿から野村政造の名前を確認しており[60]、さらに第四三九号には「西田博士の指導する民俗研究会」の「会員の一人として」民俗調査に同行した参加記が残されている[61]。野村は、昭和四年から脱退直前まで「王」名義で「フオクロリストのノートとして」というコラムを設け、自身が読んだ本のなかから抜き書きを続けたが、こうして自らを「フオクロリスト」と位置づけて執筆と実践を行っていく。

これらの内容は、「神道」論としても柳田国男らの所論と関わって展開した。

神道者や神祇史家は、どういふ風に観るかは知らないが、土俗的に云へば、我国の神々は、常在のものではなくて、如在のものであつた、つまり神祇は四六時中、社殿のうちに鎮まりたまふものではなく、招くがまゝに降臨されたのであつた、従つて神を祀る場所は必ずしも一定してゐなかつた。[62]

これは「山の神」の連載にみえるものだが、柳田の「昔は社の神は如在と云つて現在とは考へなかつた。社は祭の場処又は神の出遊の戸口であつて御住居では無かつた[63]」というような神霊降臨説と一致する議論である。また、野村は同連載で「従来の官僚神道の教義のみを見聞してゐるものには、或は異様に感ぜられるであらうかも知れぬが、所謂土俗神道から云へば[64]」という前置きをもって、「官僚神道」と「土俗神道」という区分を用いる。これは中山太郎の次のような議論が念頭にあるものと考えてよいだろう。

明治の神道は官僚の手によつて両部、山王、一実等の俗神道から救はれたが、その代償として遂に官僚神道となつてしまつた。官僚神道――今の流行語で云へばブルジョア神道である。〔中略〕私は官僚神道が決して悪いと云ふものではないが、此の神道を主張し維持するために土俗神道を排斥し、更に敵視する事を悲むものである。土俗神道――換言すればプロレタリア神道である。官僚神道はその性質上民間信仰を疎外し、文献のみを根拠として強ひたがる傾きがある。然して此の官僚神道の先をなし基をなしたのが本居平田の理智神道である。(65)

さらに、「憑り代の髯籠」という折口信夫の言葉を意識した記事も認められる。(66) 折口もまた近代神道へのするどい批判者であったように、(67) こうして野村は主な参照軸を西村眞次から柳田国男らへと移すことによって、原始神道論を離れて現状批判的な立場を強めていくのである。

一見して、西村眞次から柳田国男へという移行は、民俗学ないしは土俗学の内部での些末な問題に見えるかもしれない。しかし、この二人は昭和二年（一九二七）に『民族』誌上で「史実」をめぐって論争を交わしていた。野村の問題意識の移行期とほぼ重なる事件であるため、ここで少し紙幅を割いて取り上げたい。

論争の内容まで詳しく検討する余裕はないが、『民族』は柳田が主宰していた雑誌であり、寄稿した西村に対して柳田とのあいだで応酬があった。これは西村が、柳田への感想として「不思議を不思議として保存しようとする性癖」を指摘し、「説話を史実として取扱つて真偽の判断を下すことを先決問題とする私達歴史家に取つては、論者〔柳田〕の取扱ひの部分々々についてまだるこさを感じる場合がある[68]」と述べたところ、柳田が「自ら歴史家を以て任ずる当世の学者の中にも、説話はたゞ史実として其真偽を判断すべきのみと考へて居る人があるらしい[69]」と反論したことに端を発している。

西村は「説話伝説神話対歴史」と題して、「柳田氏は自分たちの伝説に対する立場を、あまり無造〔ママ〕作に批評せられた」と始め、「説話の内容は常に史実では無いが、史実を反映して居るか、或は史実を出来るだけ正確に伝へようとしたものであると私は信ずる」と立場を表明する[70]。これに対して柳田は「自分等は史実とは表現せられた事実のことかと思ひ、西村氏は隠れたる意味までも含むと考へられる」と述べたうえで、「我々のいふ説話は、甲が乙丙丁に語り、其乙が戊己庚に語り、何度も〔ママ〕でそれを繰返して、それなら私も知つて居るといふ者の幾らもある物語に限つて居る」とする[71]。

つまり、西村が「説話」のなかに単一の「史実」の隠喩を読み取ろうとしているのに対し、柳田は「史実」を「表現せられた事実」であるとする点で複数性を前提とする。柳田が語りの共同性に注目する一方、後に西村が記紀神話に基づいた建国史の叙述へ向かうことを鑑みれば、両者の「史実」観は決定的に異なっていたと言えるだろう。

それゆえに、西村は後年「餘りにも粗放な推論」として「木村鷹太郎氏、柳田國男氏などの啓蒙運動[72]」を並べて挙げるのであるが、これはたんに柳田と偽史言説の近似性という問題以上に、彼らを新しい歴史叙述の運動の一環としてとらえる必要があることをよく示すものである[73]。その射程は個別に問いなおしていく必要があるが、こうした新たな潮流を『日本心霊』の野村が敏感に察知していたことは興味深く、ここに編集者としての鋭敏な能力が感じられる。
しかし、こうして民俗学者としての立場を固めた野村は、日本心霊学会から人文書院への転換と時期を同じくして『日本心霊』から姿を消してしまうのである。

四　脱退、その後の「神道」と「民俗」

昭和六年（一九三一）から『日本心霊』の紙面は大きく変化する。会員による心霊治療実験報告の投書コーナーは続けられるが、「家庭のメモ」や「趣味と知識」など、通俗的な記事の比重が明らかに多くなる。前述した「療術行為ニ関スル取締規則」への対策も兼ねていると思われるが、なにより編集者の交代が大きな要因だろう。

野村の穴埋めをするかのように「神道」関係記事は、それまでにない豪華な顔ぶれが見えるようになる。一例として、筧克彦、田中義能、深作安文など当時第一線の学者の名前を確認することができるが、いずれも『読売新聞』からの転載記事のようである。

たとえば、筧克彦「国家と宗教と（上・中・下）」『日本心霊』第四八六号―第四八八号、昭和六年（一九三一）一〇月二〇日―一一月一〇日の記事は、『読売新聞』昭和六年六月二二日―二六日の「国家と宗教と（一―五）」を元記事とする。田中義能「神道を信ずる理由」『日本心霊』第四九六号、昭和七年（一九三二）二月一日の記事は、『読売新聞』昭和七年一月一六―一七日の「予は何故に神道を信ずるか（上・下）」と対応する。深作安文「神社問題に就て」『日本心霊』第五二七号、昭和七年一二月一〇日の記事は、『読売新聞』昭和七年一〇月二九日の「再燃の神社問題――神道はいわゆる宗教でない」と一致している。

ここからは、多くの連載を担っていた野村の脱退によって、『日本心霊』が紙面作りに苦慮していた様子をうかがうことができる。依拠する参照軸があったとはいえ、著書を組めるほどの世界観を構築できた野村に対して、これらの記事は時事的ではあるが散発的であり、論者や題目からもわかるように、野村の問題意識を継承するものではなかった。

また、「民俗」関係記事はほとんど見出すことができなくなる。無記名記事である「民俗学の現勢」『日本心霊』第四七四号―第四七六号、昭和六年（一九三一）六月二〇日―七月一〇日は、柳田、折口、中山の三者を取り上げているものだが、これも『読売新聞』昭和六年五月二六日―二九日のXYZ生「民俗学の現勢（一―三）学会の先端はどこまで来たか」の転載記事である。『日本心霊』の紙面を彩ってきた「神道」や「民俗」に関する記事は、実はほとんど野村の独力で支えられていたのだった。

野村脱退の原因を明確に指摘することは難しい。発見資料のなかに野村編集時の書簡がほとんど存在しないことは[74]、逆に意味深いものがあるように思われる。ここには人文書院への転換や、戦時体制に移りつつある紙面の状況など、複雑な要因がからんでいたものと推測されるが、紙面を見るかぎり、増していく野村の存在感と、熱烈な民俗学への傾倒が渡邊藤交の方針と違えていった可能性を指摘することはできるかもしれない。出発から「霊肉救済」という他者の霊的向上を目指した藤交に対して、野村の探求心は「霊肉一致」という自己実現に求められていた。そもそも野村が日本心霊学会の心霊治療に熱心だったかどうかは記述から見出すことが難しく、それは編集部と治療部・実習部が分局していたらしい日本心霊学会において考慮すべき問題である。霊術団体のなかから実践と研究が分化していくことは、大本を出て心霊科学研究会を立ち上げる浅野和三郎とも比較できる問題かもしれないが、野村のその後は民俗学者としてのわずかな痕跡を残すのみであり(75)、脱退周辺の状況とその後の軌跡は今後の検討を待たなければならない。

これまで見てきたように、野村のテキストからは独自性に富んだ思想的な新しさを取り出すことは難しい。しかし、仏教者の社会進出、世界大戦後の思想潮流、柳田民俗学という、現実批評性をもった先端的なテーマを次々と摂取し、即座に『日本心霊』の紙面に反映させていく能力には、敏腕な編集者としての姿を認めることができるだろう。

その後『日本心霊』は、人文書院の新たな方向性のなかで清水正光が手腕を発揮していくことになるが、清水は『健康増進呼吸哲学――ヨギの強健呼吸法』を訳出するとともに、人文書院の基盤となる人脈をひろげていった(76)。清水は著書こそ少ないものの、関係の開拓と編集校正の能力に秀でており、日本心霊学会、初期人文書院は二人の代表的な、優秀な編集者によって支えられていたのだった。

ここで考えてみたいことは、はたして心霊研究の過程で野村が辿り着いた民俗学とは、野村だけが見つけられた特異なルートだったのだろうか、ということである。おそらく、そうではないだろう。柳田は『変態心理』の中村古峡と交流があり[77]、同誌の編集者であった北野博美は折口信夫と親密な関係にあったのみならず[78]、野村とも接点をもっていた[79]。また、柳田が重視したのは「心意」であり、自身の研究を「実験の史学」と称していたことは[80]、この観点からもっと注目されてよい。民俗学と心霊研究は「実験」という体験の概念をもってすぐ隣に位置していたのであり、今後さらなる相互検証が必要であることを、野村の軌跡は教えてくれる。

おわりに

本論では、『日本心霊』の編集者であった野村瑞城の言説の変遷に注目することで、心霊の場における「神道」と「民俗」の議論を参照し、その多様な論点のひろがりを確認した。

野村は仏教思想史、原始神道論、柳田民俗学と依拠する主軸を次々に移していくが、これらはいずれも仏教者の社会進出、世界大戦後の学問潮流、神道批判と、時事的な批評性をもつ先端的なテーマであり、即座に摂取して紙面に反映させる敏腕な編集者としての姿がそこにあった。そして、これらの記事のほとんどは野村の独力によって作られたものであったが、野村の軌跡は民俗学と心霊研究の思想的近似性でもある点で、今後のより詳細な相互検証が求められる。

とくに野村の活動で特筆されるのは、仏教や神道、歴史や民俗という枠組みをなんなく越えていく縦横無尽な越境性と超域性である。むしろ、そのような枠組み自体が、細分化された現在の学問がつくった領域であったことに気づかされる。この野村の機動力の源泉が心霊という領域にあるとすれば、この広大な領域をいかに研究の視野に入れていけるかが今後の重要な課題になるだろう。

その意味で『日本心霊』のアーカイブ化は、これから専門領域と対象を問わず、多様な問題を照射できるプラットフォームとなることは間違いない。今後『日本心霊』を拠点にした様々な観点からの立体的な考察が期待される。

注

(1)『現代思想――特集「陰謀論」の時代』二〇二一年五月号(青土社)。

(2)吉永進一「序論」(栗田英彦・塚田穂高・吉永進一編『近現代日本の民間精神療法――不可視《オカルト》なエネルギーの諸相』国書刊行会、二〇一九年)。

(3)栗田英彦「心霊と身体技法――霊動するデモクラシー」(島薗進・大谷栄一・末木文美士・西村明編『教養と生命』〈近代日本宗教史3〉春秋社、二〇二一年)。同「革命理論としての陰謀論――陰謀論的スピリチュアリティにおける太田竜の問題系」(前掲書(1)『現代思想』)。

(4)画期として、磯前順一『近代日本の宗教言説とその系譜――宗教・国家・神道』(岩波書店、二〇〇三年)。

(5)大谷栄一『近代仏教という視座――戦争・アジア・社会主義』(ぺりかん社、二〇一二年)。同『近代仏教というメディア――出版と社会活動』(ぺりかん社、二〇二〇年)。

(6)岩田文昭『近代仏教と青年――近角常観とその時代』(岩波書店、二〇一四年)。同「国粋主義・実験・煩悶」

（島薗進・大谷栄一・末木文美士・西村明編『国家と信仰』〈近代日本宗教史2〉春秋社、二〇二一年）。
（7）碧海寿広『科学化する仏教——瞑想と心身の近現代』（角川選書、二〇二〇年）。
（8）藤田大誠編『国家神道と国体論——宗教とナショナリズムの学際的研究』（弘文堂、二〇一九年）。
（9）渡勇輝「近代神道史のなかの「神道私見論争」——国民的「神道」論の出現」（『日本思想史学』第五一号、二〇二〇年）。
（10）斎藤英喜『折口信夫——神性を拡張する復活の喜び』（ミネルヴァ書房、二〇一九年）。
（11）木村悠之介「明治中後期の神道青年運動における科学と宗教——初期の神風会に至る宇宙論の位置づけから見た近代神道学前史」（『國學院大學研究開発推進機構紀要』第一三号、二〇二一年）。
（12）たとえば、瑞の字を解体した「王而山」や「わうじさん」、二字ずつ読むと野村になる「里予木寸」、野村政造の字の一部を使った「里木正告」などがあり、「東山荘」や「晴明楼」も野村の住所付近から考案されたペンネームの一つと思われる。
（13）石原深予「編集者清水正光と戦前期人文書院における日本文学関係出版——日本心霊学会から人文書院へ」（『和漢語文研究』第一六号、二〇一八年）。同「戦前期人文書院に関する資料の紹介——編集者清水正光と川端康成を中心に」（『和漢語文研究』第一七号、二〇一九年）、本書第五章も参照。
（14）大塚英志『偽史としての民俗学——柳田國男と異端の思想』（角川書店、二〇〇七年）。
（15）横山茂雄「怪談の位相」（『遠野物語の周辺』国書刊行会、二〇〇一年）三〇九頁。
（16）岡安裕介「精神分析と日本民俗学との思想的交錯」（『言語伝承と無意識——精神分析としての民俗学』洛北出版、二〇二〇年）。
（17）一柳廣孝『〈こっくりさん〉と〈千里眼〉・増補版——日本近代と心霊』（青弓社、二〇二〇年）。同「心霊としての「幽霊」——近代日本における「霊」言説の変容をめぐって」（『怪異の表象空間——メディア・オカルト・サブカルチャー』国書刊行会、二〇二〇年）。
（18）渡勇輝「柳田国男と「平田派」の系譜——大国隆正と宮地厳夫に注目して」（山下久夫・斎藤英喜編『平田篤

胤　狂信から共振へ』法藏館、近刊予定)。

(19) 水城生「霊肉の共鳴」(『日本心霊』第二号、一九一五年三月七日)。

(20) 渡邊藤交「心霊の研究と霊肉の救済(一)」(『日本心霊』第一号、一九一五年二月七日)。

(21) 大正期における「生命主義」の展開については、碧海寿広「大正の教養主義と生命主義」(前掲書(3)『教養と生命』)を参照。

(22) 渡邊藤交「心霊の研究と霊肉の救済」(『日本心霊』第二号、一九一五年三月七日)。

(23) 前掲注(19)。

(24) みづしろのや「精神文化史の片面観」(『日本心霊』第二一号、一九一六年五月一五日)。

(25) 無記名「社告」(『日本心霊』第一三号、一九一六年一月一五日)。

(26)「神官諸氏にして本会へ御照会等の場合は其管掌神社名を御記入ありたり」(「神官諸氏に告ぐ」『日本心霊』第六七号、一九一八年四月一五日)。

(27) 一柳廣孝は、渡邊藤交の出自から「日本心霊学会は仏教界に独自の人脈を有していた」とし、仏教諸派に対する戦略的な活動を明らかにしている。一柳廣孝「霊術を売る――日本心霊学会の言説戦略をめぐって」(『比較日本文化研究』第一〇号、二〇〇六年)一七頁。

(28) 無記名「街頭へ、街頭へ――活人生救済のために寺院は大法弘通の道場」(『日本心霊』第五一号、一九一七年八月一五日)。

(29) 無記名「心霊の安定を期せ――宗教家の社会問題討究に就て」(『日本心霊』第一〇五号、一九一九年一一月一五日)。

(30) 紫火閃「宗教家の社会教化運動を中心として種々の論議は行はる蓋し一輿論である」(『日本心霊』第一一九号、一九二〇年六月一五日)。

(31) 王而山「現代の宗教家諸氏と共に考へなければならぬ事実(上)」(『日本心霊』第一〇三号、一九一九年一〇月一五日)。

(32) 王而山「現代の宗教家諸氏と共に考へなければならぬ事実(下)」(『日本心霊』第一〇四号、一九一九年一一月一日)。

(33) この経緯については、兵頭晶子『精神病の日本近代――憑く心身から病む心身へ』(青弓社、二〇〇八年)を参照。

(34) 詳しくは本書所収の栗田英彦のコラム「句仏心霊問題」を参照。

(35) 某氏談「巫子御子の歴史的観察――西洋で霊媒が流行=日本では所謂神の子も憫れな面影を残すのみ」(『日本心霊』第一五七号、一九二二年一月一五日)。

(36) 野村瑞城『原始人性と文化』(日本心霊学会、一九二四年)九二頁。ただし、「迷信」の記述の部分は、肯定的な内容に改稿されている。

(37) 柳田国男「神道私見」(『柳田國男全集』第二五巻、筑摩書房、二〇〇〇年、初出一九一八年)。

(38) 「神道私見」の内容と受容の展開については、渡勇輝「柳田国男の大正期神道論と神道談話会――「神道私見」をめぐって」(『佛教大学大学院紀要文学研究科篇』第四九号、二〇二一年)を参照。

(39) 柳田国男「天狗の話」(『柳田國男全集』第二〇巻、筑摩書房、一九九九年、初出一九〇九年)。

(40) 瑞城生「原始人の思考態度　人間霊魂観の発達――アニミズムの研究」(『日本心霊』第一九二号、一九二三年六月一日)。

(41) 無記名「霊に結ばれたる社会――日本民族と太陽トーテムに続くシヤマニズムと原始神道の形式」(『日本心霊』第二〇一号、一九二三年一〇月一五日)。

(42) 無記名「祝福されたる運命――霊を信ぜし古代民衆」(『日本心霊』第二〇五号、一九二三年一二月一五日)。

(43) 前掲注(24)。

(44) 野村前掲書(36)『原始人性と文化』一二三頁。

(45) 野村前掲書(36)『原始人性と文化』一三〇頁。

(46) 西村眞次『文化人類学』(早稲田大学出版部、一九二四年)一頁。

(47) 山室信一『複合戦争と総力戦の断層――日本にとっての第一次世界大戦』(人文書院、二〇一一年)。
(48) クリントン・ゴダール著、碧海寿広訳『ダーウィン、仏教、神――近代日本の進化論と宗教』(人文書院、二〇二〇年)二二四―二二五頁。
(49) 鈴木正崇「日本型ファシズムと学問の系譜――宇野圓空とその時代」(平藤喜久子編『ファシズムと聖なるもの/古代的なるもの』北海道大学出版会、二〇二〇年)。
(50) 無記名「霊の翼に詩想を載せて「人心」の奥深く飛ぶ――メーテルリンクの文芸と霊の哲学(上)」(『日本心霊』第一二〇号、一九二〇年七月一日)。
(51) 一記者「編輯部より」(『日本心霊』第三二五号、一九二七年四月二〇日)。
(52) K「編輯部より」(『日本心霊』第三五八号、一九二八年三月二〇日)。
(53) 京都府下内田生「死者のタタリと八年の病床生活――不動信者の女祈禱師の言葉から」(『日本心霊』第三二二号、一九二七年三月二〇日)。
(54) 無記名「会告」(『日本心霊』第三四三号、一九二七年一〇月二〇日)。改名の詳細は、石原前掲論文(13)も参照。
(55) 吉永進一「序論」(前掲書(2)『近現代日本の民間精神療法』)一五頁。
(56) ZN「「お稲荷さま」(二)――お狐さまの正体から　考へて見れば狐にだまされたやうな話」(『日本心霊』第四一五号、一九二九年一一月一日)。M「俗山伏と行者考(一)――木綿の紋附に旧式山高帽の優婆塞　白木綿衣に袴をはいた優婆夷」(『日本心霊』第四二六号、一九三〇年二月二〇日)。里木正告「村の生活(二)」(『日本心霊』第四三七号、一九三〇年六月一〇日)など。
(57) 無記名「各地に伝ふ俗信や伝承(一)」(『日本心霊』第三九九号、一九二九年五月二〇日)。
(58) 無記名「各地に於ける俗信伝承」(『日本心霊』第四四二号、一九三〇年八月一日)。
(59) 西田直二郎「年中行事と民俗研究」(『日本心霊』第四三六号、一九三〇年六月一日)。折口信夫「門　精霊と大伴と物之部」(『日本心霊』第四三七号、一九三〇年六月一〇日)。本書に菊地暁による解題を付した翻刻が所収されているので、あわせて参照されたい。

(60) 本書所収のコラム、菊地暁「日本心霊学会編集部代表・野村瑞城(政造)の作品と略歴」。京都帝国大学の民俗学会については、菊地暁「京大国史の「民俗学」時代——西田直二郎、その〈文化史学〉の魅力と無力」(丸山宏・伊従勉・高木博志編『近代京都研究』思文閣出版、二〇〇八年)を参照。

(61) 瑞城生「鞍馬から貴船へ——天狗の火と式部の水」(『日本心霊』第四三九号、一九三〇年七月一日)。

(62) 瑞城生「山の神(十三)」(『日本心霊』第四〇六号、一九二九年八月一日)。

(63) 柳田国男「巫女考」(『柳田國男全集』第二四巻、一九九九年、初出一九一三年)一六一頁。

(64) 瑞城生「山の神(十四)」(『日本心霊』第四〇七号、一九二九年八月一〇日)。

(65) 中山太郎「神道毒語」(『皇国』第二九〇号、一九二四年)六八―六九頁。

(66) 無記名「盂蘭盆に就ての雑考(中)——其行事及信仰の変遷を観る」(『日本心霊』第四〇七号、一九二九年八月一〇日)。

(67) 斎藤前掲書(10)。

(68) 西村眞次「『民族』第一巻所感」(『民族』第二巻第一号、一九二六年)一二四頁。

(69) 柳田国男「松王健児の物語(人神考の二)」(『民族』第二巻第二号、一九二七年)五九頁。

(70) 西村眞次「説話伝説神話対歴史」(『民族』第二巻第三号、一九二七年)一三九頁。

(71) 柳田国男「説話伝説神話対歴史」(『民族』第二巻第三号、一九二七年)一四一―一四二頁。また、当該論争については、永池健二『柳田国男——物語作者の肖像』(梟社、二〇一〇年)一九一―一九七頁もあわせて参照されたい。

(72) 西村眞次「史学瑣言」(『歴史と文芸』人文書院、一九四二年)一五五頁。なお、本書の「序文」には清水正光への謝辞が述べられており、交流の一端を知ることができる。

(73) 「実証主義的歴史学」に対する新たな歴史叙述として民俗学と近代スピリチュアリズムの関係に注目した論考に、北條勝貴「〈ありのままの事実〉を支えるもの」(菅豊・北條勝貴『パブリック・ヒストリー入門——開かれた歴史学への挑戦』勉誠出版、二〇一九年）。また、永岡崇は偽史言説の暴力性とともに革命的潜勢力としての可能性を指摘する。永岡崇「近代竹内文献という出来事――〝偽史〟の生成と制度への問い」（小澤実編『近代日本の偽史言説――歴史語りのインテレクチュアル・ヒストリー』勉誠出版、二〇一七年）。

（74）石原前掲論文（13）「編集者清水正光と戦前期人文書院における日本文学関係出版」三三一頁。

（75）本書所収のコラム、菊地暁「日本心霊学会編集部代表・野村瑞城（政造）の作品と略歴」。

（76）石原前掲論文（13）。

（77）柳田と中村はともに北一輝の弟昤吉の家に足繁く通い、神憑りの様子を観察したという。北昤吉「兄北一輝を語る」（『思想と生活』日本書荘、一九三七年）二九五頁。茂木謙之介・大道晴香「〈怪異〉からみる二・二六事件――北一輝と対馬勝雄におけるオカルト的想像力」（茂木謙之介・小松史生子・福田賢二・松下浩幸編著『〈怪異〉とナショナリズム』青弓社、二〇二一年）で詳しく言及されている。

（78）保坂達雄「折口信夫と北野博美」（『神と巫女の古代伝承論』岩田書院、二〇〇三年）。

（79）『日本心霊』第四一八号には折口信夫の講話が掲載されており、「本項は折口信夫の講話を博美氏が筆記し民族《ママ》学に発表されたもの、極く大意を引いて読者の参考にさせて貰つたのである」という付記がある。無記名「所謂国学上から観たる「霊」と「魂」――折口信夫氏の講話筆記から」（『日本心霊』第四一八号、一九二九年）。

（80）柳田国男「実験の史学」（『定本柳田國男集』第二五巻、筑摩書房、一九七〇年、初出一九三六年）。柳田の「実験」は、一貫してExperimentではなくExperienceの意味で用いられている。柳田の「実験」の用法については、千葉徳爾『柳田國男を読む』（東京堂出版、一九九一年）、大塚英志『怪談前後――柳田民俗学と自然主義』（角川学芸出版、二〇〇七年）、永池前掲書（71）などを参照。

【附記】

本論を執筆するにあたり、二〇二一年一月二九日に行われた第一回「プラクティスの近代」研究会「日本心霊学会と神道・仏教」の発表で貴重なご教示をいただいた。とくにコメンテーターを引き受けてくださった木村悠之介氏、岩田文昭氏に厚く御礼を申し上げます。また、本研究はＪＳＰＳ科研費 JP21J10251の助成を受けたものです。

コラム4

日本心霊学会編集部代表・野村瑞城（政造）の作品と略歴

菊地　暁

昭和初年、「京都帝国大学民俗学会」が文学部史学科の学生を中心に設立される（菊地暁「京大国史の「民俗学時代」――西田直二郎〈文化史学〉の魅力と無力」丸山宏他編『近代京都研究』思文閣出版、二〇〇八）。会務ノートに残された出席者名簿には「野村政造」の名前が自署されている（図1）。ノートは昭和三～五年の三年分しか残されていないのだが、昭和五年は五月、六月、七月、一〇月、一一月の例会に出席、六月一五日の鞍馬村合同調査にも同行するなど、熱心な参加者だったことがうかがえる。この野村政造こそ、日本心霊学会の出版活動を支えた野村瑞城その人だった。

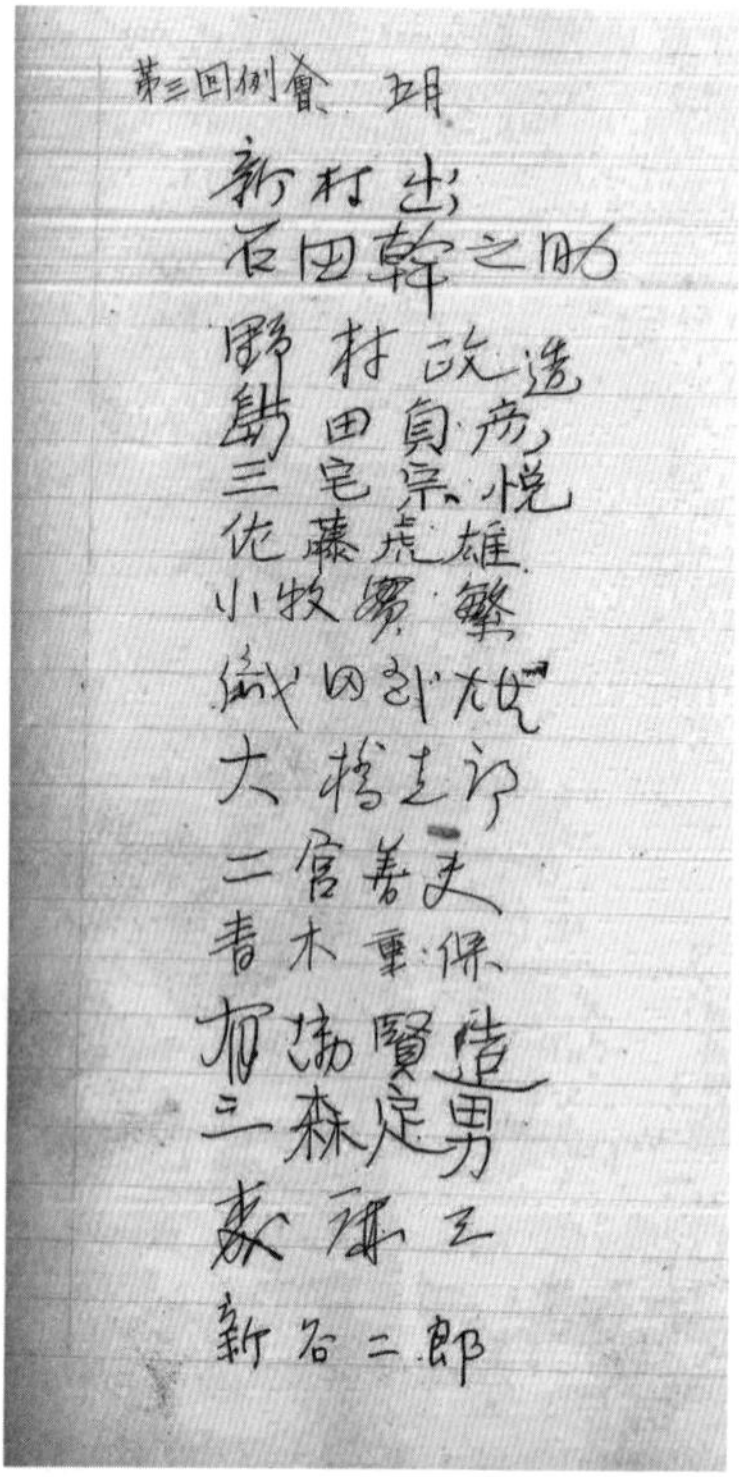
第三回例會　五月
新村出
石田幹之助
野村政造
島田貞彦
三宅宗悦
佐藤虎雄
小牧實繁
織田武雄
三森定男

図1

日本心霊学会／人文書院での野村瑞城の活躍は華々しい。会長・渡邊藤交の「題言」を掲げた「心霊叢書」第一巻『霊の神秘力と病気』(一九二一)を皮切りに、以下のような著作を毎年のように発表している(〔 〕内は序文等の寄稿者名)。

『原始人性と文化』日本心霊学会(一九二四)〔渡邊藤交、福来友吉〕
『霊の活用と治病』日本心霊学会(一九二五)〔渡邊藤交〕
『白隠と夜船閑話』日本心霊学会(一九二六)〔小酒井不木〕
『民間療法と民間薬』人文書院(一九二七)〔小酒井不木〕
『白隠と遠羅天釜』人文書院(一九二八)〔小酒井不木〕
『療病と迷信』人文書院(一九二九)〔藤波鑑〕
『沢庵と不動智の体現』人文書院(一九三〇)

自著ばかりではない。今村新吉の講演を筆記して日本心霊学会編集部編・発行『神経衰弱とヒステリーの治療法 普及版』(一九二七)をまとめるなど、心霊関係者の著書を数多く編集し、担当した福来友吉、小酒井不木、藤波鑑などからは自著へ推薦文を寄せてもらっている。心霊関係者から一定の信頼を勝ち得ていたことの証左だろう。私見では、野村の著作は多方面から材料を集める博識ぶりと、分かりやすい語り口という点では評価に値するものの、学問的あるいは思想的には独自性に乏しいように感じられる(本書所収渡論文参照)。とはいえ、祖述において一級の活躍を見せたことは事実で、白隠の内観法を平易に解説した『白隠と夜船閑話』が四五版を数えたのはその最たるものだろう(図2)。

精力的な編集執筆活動とは裏腹に、野村本人を語る資料はそれほど多くはない。最も参考になるのが、新聞及新聞記者社編・発行『新聞通信従業各員 個別名鑑 大正十一年六月現在』(一九二二)

とその後継誌の記事である（日本図書センター編・発行『新聞人名辞典』第二巻（一九八八）再録。なお、同書については桑原満氏よりご教示いただいた）。

野村政造　大阪時事広告部編輯（大正九、二）入社。滋賀県（明治二〇、八）生。中学卒業後英語学校等。【新聞歴】一二地方新聞の編輯主筆。【著作】現代及《ママ》将来の心理研究。【思想】唯識論的個人生観派に傾く。【趣味】読書。【現住】京都市大黒町松原下ル三丁目。

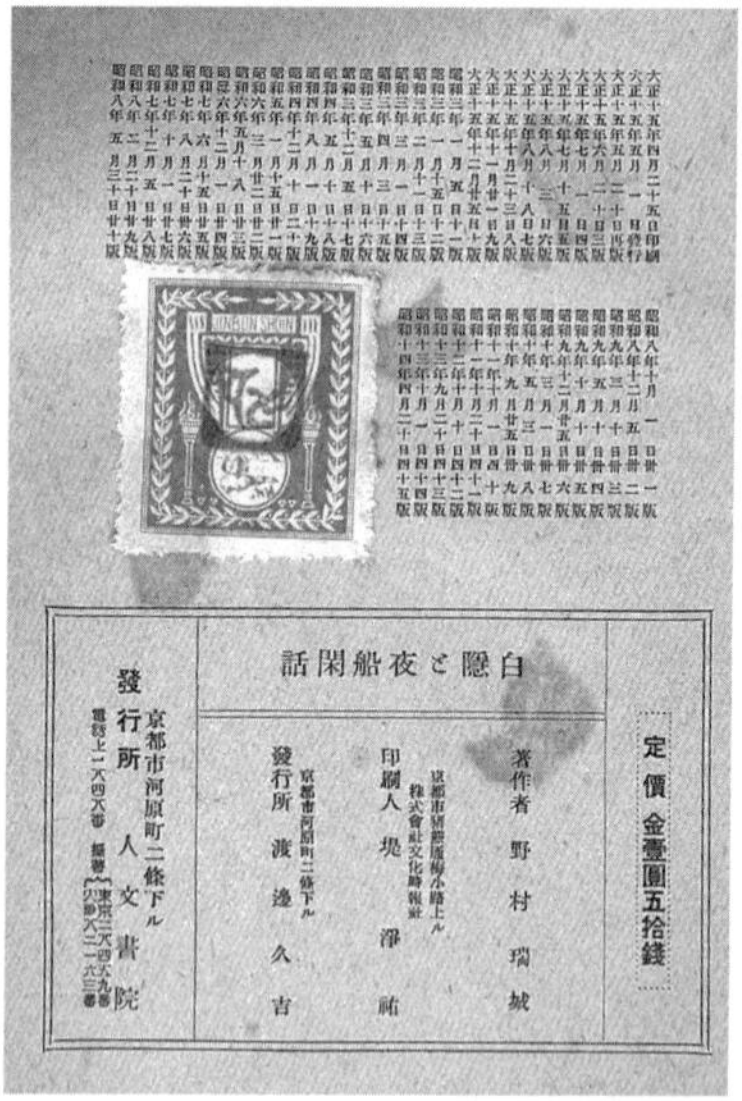
白隱と夜船閑話
定價 金壹圓五拾錢
著作者 野村瑞城
京都市猪熊通梅小路上ル
印刷人 堤淨祐
株式會社文化時報社
京都市河原町二條下ル
發行所 渡邊久吉
京都市河原町二條下ル
發行所 人文書院
電話上一六四六番 振替 東京三六四六九番 大阪六二一六三番

図2

ここに示された略歴を補足していくと、明治二〇（一八八七）年八月滋賀県生まれ、「我輩はもと田園の一農生」（野村政造「大阪の三新聞」『日本及日本人』六五一、一三四頁）と述べているので、生家は農家だったのだろう。中学卒業後、英語学校等に学んだという学歴の詳細は未詳。いくつかの地方新聞の編輯主筆を経て大正九（一九二〇）年二月に広報部編輯になった「大阪時事」というのは、『大阪時事新報』（一九〇五〜四九）を刊行した大阪時事新報社だろうか（松尾理也『大阪時事新報の研究――「関西ジャーナリズム」と福沢精神』創元社、二〇二一）。この時期、「野村政造」の名前で『日本及日本人』『雄弁』『金星』などへの経済記事寄稿を確認できるほか、京都実業協会から刊行された『御大禮記念帖』（一九一五）の編集も担当している。これは、大正天皇の御大礼を奉祝する企業を紹介したもので、経済記事の延長と考えて良いだろう。

興味深いのは、著作として日本心霊学会編『現在及将来の心理研究』（一九一八）が挙げられていること。福来友吉、渡邊藤交の序を掲げる本書は、心霊をめぐる動向をまとめた日本心霊学会のマニフェストというべき一冊であり、その編集――おそらく、渡邊の所説を材料とした実質的な執筆作業――を手がけたのが瑞城だった。奥付に記された瑞城の肩書は「著者兼発行者」にして「日本心霊学会編集部　代表者」とある。日本心霊学会の出版活動を初期から中枢として担っていたわけで、その際、心霊プロパーでの活動に関して「瑞城」の号を用いたようだ。なお、右記『名鑑』の記事を信頼するなら、新聞記者と平行して日本心霊学会に従事していたことになる。

「唯識論的個人生観派に傾く」という思想は、見慣れない表現だが、日本心霊への傾斜を表現したものだろう。「趣味」が読書というのも、野村の著作が多方面からの雑食的な引用が目立つことを考えると首肯される。「現住」の京都市大黒町松原下ル三丁目は、現在の東山区大黒町に当たると推測され、鴨川沿いを北上して河原町二条の日本心霊学会に行くにも、京阪電車に乗って大阪に出るにも便利そうな場所だ。

さて、右記『名鑑』は昭和二年版を最後に「野村政造」の記事が見られなくなる。『日本心霊』紙上では、昭和四年の「山の神」等の民間信仰記事を最後に「瑞城」の名前が消える（「ZN」などの瑞城と推測される筆名もほぼ同様）。そして、昭和五（一九三〇）年、人文書院刊『沢庵と不動智の体現』が最後の著書となり、以後、日本心霊学会／人文書院との関係が消失。修養の日本心霊から教養の人文書院への路線転換と、瑞城の撤退と、どちらが因でどちらが果なのか不明だが、表裏一体の出来事と想定して差し支えないだろう。瑞城の跡を継いだ清水正光が『大阪時事新報』に関係していたというのも興味深い（本書所収石原論文参照）。

日本心霊学会／人文書院以降の消息を伝える資料は多くない。逓信省郵務局編『第三種郵便総覧』（逓信省郵務局業務課、一九三四、四〇七頁）に日刊紙『夕刊京都新聞』（昭和八年一二月一八日創刊）の発行人として「京都市東山区　野村政造」の名があるが、この『夕刊京都新聞』の実態は未詳で（昭和二一年創刊の『夕刊京都』とはおそらく別物）、どのような出版活動をしていたのか皆目見当がつかない。

また、「瑞城」に区切りをつけた「政造」が京大民俗学会の熱心な参加者となったことは最初に述べた。やや間を置いて、昭和一〇（一九三五）年、岡茂雄の編集する『ドルメン』四巻三号に「三井一族の戎講の歌詞に就いて」という短文を寄せている。財閥三井一族の正月行事を報告したもので、経済記者の経験を活かした民俗レポートといえよう。それからさらに十年弱を置いた昭和一九（一九四四）年、柳田國男を会長とする「民間伝承の会」の会報『民間伝承』一〇巻三号所収「新入会員氏名」に「京都」の「野村政造」の名前を見つけることができる。別人の可能性もないではないが、政造＝瑞城と考えても良さそうだ。

以上が現在判明している「瑞城」野村政造の略歴である。没年も未詳のまま。一九二〇年代の積極果敢な出版活動で人文書院の基礎作りに貢献した人物にしては、寂しいといえば寂しい。

第五章　編集者清水正光と戦前期人文書院における日本文学関係出版

石原　深予

はじめに

清水正光（一八九七―一九五一）は昭和戦前期に民間精神療法団体日本心霊学会と出版社人文書院の双方に関わった人物で、人文書院初代編集長である（図1）。清水の履歴は次の通りである。一八九七（明治三〇）年八月四日大阪府三島郡島本町生、生家は当地桜井の庄屋で楠公焼（桜井里焼）を家業としていたが一九一七（大正六）年廃窯。一九一七年、旧制大阪府立茨木中学校（現在、大阪府立茨木高等学校）卒業。茨木中学校では後にノーベル文学賞作家として大成する川端康成の同級生にして文学仲間であった。一九一七年同志社大学政治経済部予科入学、翌一九一八年家事都合のために退学。この退学は父親の死去により家督を継いだためと思われる。一九二一年結婚。時事新報社を経て一九三三（昭和八）年一月人文書院入社、一九三八年同社支配人。一九三九年四人の子女

図1　清水正光

を遺して清水夫人死去。一九四四年企業整備のため在京都の出版社約五〇社は四社となり、その一つである京都印書館へ同社重役兼編集局長として入社、監査役。一九四七年一二月専務取締役、一九五〇年辞任。一九五〇年には新生社という出版社にも関与していた。一九五一年五月七日病死。著作はラマチャラカを翻訳紹介した『健康増進呼吸哲学――ヨギの強健呼吸法』（人文書院　一九三一）、『評釈伝記小倉百人一首』（大日本雄弁会講談社　一九四八）の二冊が判明している。

本章では日本心霊学会ならびに人文書院創業者渡邊藤交の、戦前期人文書院における片腕として活躍した編集者清水正光の足跡を辿り、戦前期人文書院における出版物の柱の一つであった、清水の編集になる日本文学関係書籍について紹介、検討したい。

一　日本心霊学会（民間精神療法団体）から人文書院（出版社）への移行

一―一　「人文書院」の創業年

日本心霊学会の創設経緯をはじめとする詳細や渡邊藤交については本書所収の各論文とコラムを

参照されたい。さて人文書院のホームページには次のように会社概要が記されている。

弊社は、創業（1922年、大正11年）以来約100年にわたり京都において地道な出版活動を行ってきました。「人文書院」の命名は京都帝国大学医学部教授の今村新吉によるように、戦前は、心理学書を中心に文学書（国文）などを主に出版し、京都大学をはじめとする大学都市の地の利を生かした、文学・哲学・宗教関係など人文科学系の学術的、啓蒙的な書物を刊行していました。

（http://www.jimbunshoin.co.jp/company/cc440.html　二〇二一年一二月二八日　閲覧）

しかし結論から言えば、出版社「人文書院」の創業がいつであるのかは実は判然としない。日本心霊学会における書籍出版開始を創業とするなら、一九一三年に藤交の著書にして日本心霊学会のバイブルであった『心霊治療秘書』第一版（初版時のタイトルは『呼吸式感応的治療秘書』）が刊行された時となる。ただ、そもそも一九〇六年には藤交は「本書の稿を起し」「当時剞劂《きけつ》子に附し、其後綱領を抜粋して謄写版となし」日本心霊学会の会員の一部に頒布していた。それを書籍として刊行したのが『心霊治療秘書』で、この本は第一版出版後も藤交による改版が重ねられた。そして一九一五年二月には『日本心霊』紙が創刊されている。

他方、日本心霊学会が「人文書院」という出版社名を用い始めるのは一九二七年一一月で、こちらもまた一九二二年ではない。出版社名の変更は、佐藤良憲氏（人文書院営業部）が『日本心霊』一九二七年一一月一日号と一〇日号で「人文書院」の社名の初使用例と社名変更の経緯を確認された[2]。それによると「日本心霊学会は従来、附帯事業として生理学心理学を主とせる特殊文献の出版」をしていたが、「日本心霊学会出版部」なる名称を「人文書院」と改めた、「出版書肆名を定めた」とある。これは「今後、学界の諸名士、或は研究家の著書等を出版するには、従来の名称では、時としては誤解を伴ひ時としては範囲が限局する事が」あるので誤解を避けるためであり、「経営の主体内容は従前と」変わらないという。なおこれらの記事には「人文書院」の命名が今村新吉によるという話題は見えない。しかし「人文書院」という出版社名を定めたにもかかわらず、「日本心霊学会」名を用いた出版事業は引き続き行われた。

ここで『日本心霊』紙を確認すると、『日本心霊』は一九三九年七月一日号（通号七〇三号）が最終号で、少なくともこの時点で日本心霊学会は存続している。そして『日本心霊』には「日本心霊学会（あるいは「日本心霊学会出版部」等の名称）」「人文書院」いずれにもよる出版物の広告が掲載されており、少なくとも名称上では一九三九年七月まで『日本心霊』紙上において、出版部門としては「日本心霊学会」と人文書院とが併存している。なお「日本心霊学会」の出版物を刊行した団体名は、大正期以来「日本心霊学会本部」「日本心霊学会出版部」「日本心霊社」「日本心霊新聞社」と複数の名称が混在していたが、最終的には「日本心霊学会出版部」に落ち着いたと見られる。ただし『日本心霊』の最終号の発行所は「日本心霊社」である。

したがって日本心霊学会内部においては、出版した書籍が「日本心霊学会」「人文書院」どちらの出版物なのかを、藤交も、日本心霊学会または人文書院の編集者であった野村瑞城《ずいじょう》と清水正光らにおいても、とくに霊術関係や心理学関係書については、画然と区別していなかったことと推察される。というのは『日本心霊』紙上では、「日本心霊学会」出版物の広告に一九二七年以降の人文書院での出版物が含まれる場合も、逆に「人文書院」の広告に一九二七年以前の日本心霊学会での出版物が含まれる場合もあるからである。

ただし朝日新聞と読売新聞の出版広告を確認すると、一九二七年一一月一八日付以降は、日本心霊学会が出版していた書籍も「人文書院」の出版物として広告が出され、それ以前のように「日本心霊学会」による出版広告は出されない。したがって「人文書院」という「出版書肆名を定めた」後は、『日本心霊』紙以外での書籍の出版広告、つまり対外的には、出版社名として「人文書院」のみを用いることにしたのだろう。そして「従来の名称では（略）時としては範囲が限局する」のを避けたことは、そう述べた一九二七年の時点で藤交らが想定していた出版企画とは異なったかもしれないが、一九三五年前後より清水正光が編集に携わった日本文学をはじめとする人文学関係書籍の出版において、成果を見せたと言えよう。

最後に、人文書院の創業を一九二二（大正一一）年とする、現時点で判明している最も古い資料を挙げる。『著作権台帳』（別名：『文化人名録』）第九版（社団法人日本著作権協議会編　一九六〇・九）掲載「株式会社人文書院」の沿革である。『著作権台帳』は一九五一年から発行されており、昭和三〇年代の版までは出版社の沿革も紹介されている。株式会社人文書院の沿革は一九六〇年九月発行の第九版で初めて紹介された。この沿革に「大正十一年個人経営として中京区河原町二條に創業する」とある。しかしその根拠は以上のように判然としない。

一―二　日本心霊学会関係者と、編集者の交代

「人文書院」の社名を命名したという京大医学部精神病学講座初代教授今村新吉は、東大文学部の心理学の助教授であった福来友吉と共に千里眼を調査した人物で、藤交の治療法に理解を示していた。日本心霊学会には今村をはじめとする京大教授、福来、探偵小説家で養生法の大家としても知られた小酒井不木などアカデミズムとの繋がりがあった(3)。他方、日本心霊学会および人文書院は民間の霊術家や霊性思想研究者の著作も出版しており、彼らの書簡も残っている(4)。このように日本心霊学会には民間精神療法、修養法、霊術、「生理学・心理学」に関心を持つ多様な人物が関わり、受容者もまた様々であったと考えられる。その一人が次節以降で検討する若かりし清水正光であった。

日本心霊学会における藤交の片腕で『日本心霊』編集主任であった野村瑞城（政造）については本書所収の渡論文と菊地コラムを参照されたいが、事情が不詳ながら野村の人文書院における消息は一九三〇年頃に途絶えてしまう。日本心霊学会および人文書院の出版物は一九三五年までは心理学や養生関係の書籍が多いが、同年以後は随筆や日本文学関係書籍が増加する。それはこの頃までに野村の消息が途絶えた他方、日本文学にも関心の高かった清水正光が編集者として手腕を発揮し始めたこと、それから昭和初年代の霊術弾圧という時代背景と無関係ではないであろう。また人文

書院の蔵で発見された出版資料のうち書簡類に関する特徴の一つは、野村が主な編集者であり、清水が本格的に編集手腕を発揮しはじめる一九三四年頃以前の、出版物の著者からの書簡類がほとんど見当たらないことである。この事情も不詳である。

二　清水正光の経歴と著書について

本節では、まず清水正光について事典類での記載をはじめ清水の経歴を確認し、次に清水の著書二冊について確認したい。

二―一　事典類での記載、生没年と経歴

『出版書籍商人物事典』第二巻・戦時占領期出版関係史料集五（帆刈芳之助著　金沢文圃閣編集部編　金沢文圃閣　二〇一〇・八　所収　初出「業界人の横顔」『帆刈出版通信』第一五四号　一九四九年一月一三日）には、清水正光について次の記載がある。

京都印書館　清水正光

明治31年8月4日、大阪府下に生る。52歳、同大経済科卒。時事新報社を経て昭和8年1月京都市人文書院に入社、同13年同社支配人となった。同19年企業整備に依り在京都の出版社約五一社

は四社となったが、（株）京都印書館もその一つで、氏は同社重役兼編集局長として入社、同22年12月専務取締役となり今に至っている。趣味は著述、中学時代既に川端康成と共に地方新聞に小説を書き教師を驚かせた。近著に講談社発行三版「伝記評釈小倉百人一首」がある。

この略歴記載の「明治31年」は誤りで、清水家の戸籍謄本によると「明治三〇（一八九七）年」が正しい。また「同大経済科卒」についても、本章冒頭に同志社校友会からのご教示によって政治経済部予科退学と記したことが正しく、こちらは誤りである。また『現代出版文化人総覧』昭和一八年度版（協同出版社編纂部編　共同出版社　一九四三）の「人文書院」の項目には清水正光が「支配人、編輯長」として名前が挙げられている。それから『京都書肆変遷史　出版文化の源流　江戸時代（１６００年）から昭和20（１９４５年）』（京都書肆変遷史編纂委員会編　京都府書店商業組合　一九九四）の「京都印書館」の項目には、「清水正光（筆者注　監査役）　昭和二十五年一月辞任」とある。

次に人文書院に残されていた書簡類の調査より、清水の死を悼む書簡が斎藤瀏（整理番号 10484）、荒木良雄（整理番号 10486）から人文書院へ届いていたことが判明した。斎藤は清水が病気であったことにも触れ、また二人は清水の死を悼むとともに清水の編集した自らの著作について問い合わせている。消印は解読できないがこれらの書簡が束ねられていた前後の書簡類は一九五一年のもので、斎藤らの書簡もその年のものと考えられる。そして清水正光のご親族より清水の忌日（一九五一年五月七日）と死因（喉頭がんという）についてご教示をいただき、清水は一九五一年に病死したことが判明した。

ところで清水の一九五〇年一月の京都印書館辞任については、病気療養のためではなく清水が新たに出版社を立ち上げていたためという可能性がある。というのは塩尻公明『天分と愛情の問題』が「株式会社新生社」という京都市中京区に所在する出版社から一九五〇年六月に発行されており、その発行者は清水正光である。なおこの書籍は一九四三年に弘文堂から出版されたものの改版である。この書籍については清水のご親族からご教示をいただいた。

それから中澤節子『花ちりぬ――十七才少女の遺稿』も新生社から一九五〇年三月に出版されている。ただしこの書籍の発行者は清水ではなく藤井與三郎なる人物である。『現代出版業大鑑』（出版タイムス社ほか共編　現代出版業大鑑刊行会　一九三五）によると滋賀県書籍商組合に藤井與三郎という人物が属しているが、この藤井が新生社の発行者であるかは不詳である。なお中澤のこの著書はその前年一九四九年二月に京都印書館から出版されており、塩尻の著書『女性論』も一九四九年一月に京都印書館から出版されていた。以上二冊の発行者は清水正光である。中澤の著書の「あとがき」の追記には「京都印書館の清水正光氏と安田和夫氏は終始深き理解と好意とを以て本書の出版に当られた」とあり、また清水は京都印書館で塩尻の本を出版していたことから塩尻とも面識があったと考えられる。

ともあれ現時点では京都市中京区にあった新生社が出版した書籍はこの二冊のみが判明している。ただし『京都出版史〈戦後編〉昭和20年―32年』（京都出版史〈戦後編〉編纂委員会編　日本書籍出版

協会京都支部　二〇〇〇）を確認すると、新生社からの刊行書籍は塩尻公明『天分と愛情の問題』のみが挙げられている。また『京都会社名鑑　1951年版』（夕刊京都新聞社　一九五〇・一〇）には、「株式会社新生社」は掲載されておらず、清水正光の名前は「株式会社京都印書館」の取締役として記されている。現時点で新生社の出発時期と考えられる一九五〇年三月に清水が同社と関わっていたかは定かではないが、『花ちりぬ——十七才少女の遺稿』『天分と愛情の問題』の二冊が新しい出版社の立ち上げに際して再出版されたのは、二冊に何らかの思い入れのあった清水における戦後の再出発を期するものであっただろう。

他方京都印書館は一九五〇年には再版は行なっても新たな出版はM・ド・ナヴェール／西山実之介訳『エプタメロン』が一月に発行されたのが最後であるらしい。『京都出版史〈戦後編〉昭和20年—32年』（前掲）には『エプタメロン』のほかに松本仁『短歌表現新辞典』も一九五〇年の出版物として挙げられているが、この本はすでに発行されていたものの再版と考えられる。ただし『短歌表現新辞典』の特製本が一九五〇年六月二〇日に発行されており、この発行者は志水一之助である。なお志水一之助は京都印書館から一九四五年に発行された清水公俊『東大寺』の「跋」に、「出版に当つて多大の犠牲を払つて下された」人物として、富田正二と共に名前が挙げられている。富田は戦時下に人文書院とともに京都印書館へ統合された立命館出版部代表取締役かつ立命館理事であり、渡邊久吉（藤交）、中江源（立命館理事）とともに京都印書館の代表取締役であった。以上から志水一之助とは、立命館出版部関係者であったかと推察される。

さて、一九五〇年の清水正光の動向や京都印書館の出版物、また新生社という出版社については右記以上のことは判然としない。ただ京都印書館の解散を見越して、清水が京都印書館から人文書院へ戻らず新しい出版社を立ち上げたものの、ほどなく病を得て療養生活に入り死去したのなら、新生社のその後が知れないことや、斎藤瀏や荒木良雄が人文書院宛に清水の死を悼む葉書を出したことが肯われる。

なお斎藤瀏は軍人、歌人で、一九三六年の二・二六事件に際して決起した青年将校幇助の罪において禁固された。しかし斎藤と人文書院との縁は二・二六事件以前の一九三五年に発行された『萬葉名歌鑑賞』以来であり、禁固後も人文書院は斎藤の新著を発行した。人文書院という出版社、藤交や清水は、斎藤にとって信頼のおける出版社、人物であっただろう。荒木良雄は高名な中世文学研究者で、人文書院から出版された『室町時代文学史』上巻(一九四四　前書き執筆は一九四一)の前書きに「風巻景次郎氏の御芳情と、人文書院主及び清水正光氏の俠気によつて、ここに世に出るやうになつた」と時代状況をうかがわせる謝辞を書いていた。

二―二　清水正光の著書二冊について

清水の著書は現時点で二冊確認されている。まず一冊目は『健康増進呼吸哲学――ヨギの強健呼吸法』で、人文書院から一九三一年一〇月五日に発行された。奥付の発行所は「人文書院」だが、『日本心霊』紙面ではこの本の発行所は「日本心霊学会」とされ続ける。この本の内容は『日本心霊』紙上に「ヨギの強健呼吸法」や「ヨギ哲学」という題で、一九三一年三月二〇日号より部分的にではあるが無記名で連載されていた。その連載は書籍刊行後の一九三三年四月一〇日号まで続く。以上から推察すると、大学卒業後時事新報社（関西在住より大阪時事新報か）に勤務していたという清水は、時期は不明であるが『日本心霊』を購読し、日本心霊学会の会員になっていた可能性が考えられる[5]。

さて『健康増進呼吸哲学――ヨギの強健呼吸法』は吉永（二〇〇四、注1参照）によるとラマチャラカ（Yogi Ramacharaka　本名　W. W. Atkinson　一八六二―一九三二）の翻訳紹介で「前半が編集翻案で、後半が *The Science of Breath*（1904）の訳である。四種類の呼吸など基本的な技法の解説である」と紹介されている。『日本心霊』一九三一年三月二〇日号での連載第一回においても、原著はラマチャラカの *The Hindu-Yogi Science of Breath* であると述べられている。

この書籍が出版された当時の状況について、藤交の息子で人文書院二代目社長渡邊睦久氏（一九二〇―二〇一五）は「物心ついたときには返品の山の中で遊んでいました。昭和五、六年前後、そのころは大変な不況で」と回想している[6]。このような時期に無名の著者の書籍がそう簡単に出版されるとは思われない。しかし藤交が何かしらを『日本心霊』での連載記事に見出したのか、この書籍は日本心霊学会の理論的支柱である福来友吉の序文をいただき、『日本心霊』紙上でも一九三一年九月一〇日号以降大きな近刊予告や新刊広告をうつ。さらに出版直後の同年一〇月二〇日号の『日本心霊』には「記者より」として、清水の近刊を「「秘書」の姉妹篇としておすゝめします」と、藤交の著書にして日本心霊学会のバイブル『心霊治療秘書』の「姉妹篇」とまで言うほどの熱心な推薦がなされた。なお一般紙では刊行直後の東京朝日新聞朝刊で一九三一年一〇月一六日と二九日に他の新刊と併せて広告されたのみであるが、『日本心霊』紙上では終刊に至るまで断続的にではあるが広告が掲載され続ける。『日本心霊』一九三一年一二月二〇日号の記事には「近来稀にみる素晴らしい売行きである。この事は、その内容が如何に吾人の健康に直役《すぐ》立つかを物語るもので喜ばしい限りである」とある。そして大阪時事新報掲載記事をはじめ八本の書評が、同年一二月一〇日号から明けて一九三二年一月一〇日号まで、『日本心霊』にて続々と紹介された。

なお清水の著書と前後して人文書院から出版された、京大教授小南又一郎の著書『実例法医学と犯罪捜査実話』（一九三二・一〇・一）の「序」には、この著作に貢献した人物として「人文書院渡邊・清水の両氏」が挙げられている。清水の人文書院入社は一九三三年一月とされているが、清水が一九三一年の時点で人文書院に関わっていたことが分かる。清水の著書への日本心霊学会あげての熱心な推薦ぶりからも、一九三一年には藤交と清水との関係が深まっていたこと、社員待遇ではなかったとしても清水が人文書院内部者と見なされていたことが推察される。

次に清水の二冊目の著書は『評釈伝記小倉百人一首』（大日本雄弁会講談社　一九四八）である。清水の自序には次のようにある。「百人一首について、私自身に面白い思ひ出がある。私は四歳の折はじめて百人一首を知り、同じ年のうちにその全部を暗誦して、人を驚かしたものである。勿論、論語読みの論語知らずと一般で、毫も自慢にはならない」。「本書の成るについては、日本歌道に新旗幟を樹て、その先頭に立つて多年精進せられつつある太田水穂先生の不断の激励のあつたことを明らかにせずにはゐられない」。この著書は、人文書院から歌集や和歌文学、古典文学の啓蒙書を出版していた歌人太田水穂の序をいただいている。なお水穂の妻四賀光子も歌人で人文書院から著作を出版していた。清水と百人一首をはじめとする和歌文学との関わりは第四節にて検討する。

三　川端康成と清水正光

一柳（二〇〇六、注3参照）では、二〇〇三年度第一九回出版文化賞（社団法人梓会）を人文書院が受賞した際の人文書院二代目社長渡邊睦久による贈賞式でのスピーチ（二〇〇四年一月一五日）が紹介されている。「清水正光さんという編集者がいまして、その方は川端康成さんと同人雑誌を一緒にやっていた関係で、文芸のほうへも次第に企画を広げていったわけです」。しかし川端康成の履歴を確認すると、川端と清水とが同人雑誌を一緒にやっていたというのは睦久氏の勘違いのようである。とはいえ川端と清水とは先述の通り旧制大阪府立茨木中学校の同級生で、文学仲間であったことには相違ない。

残念ながら川端から清水に宛てた書簡は人文書院に残る資料では確認されていないが、調査より二人の縁から川端が人文書院の出版企画を「援助」したことが判明した。また川端の書き残した日記、書簡、随筆や自伝的作品等から清水の足跡を辿ることが可能である。(7) 本節では以上について紹介、検討したい。

三―一　川端による清水評、川端による戦前期人文書院への編集企画の援助、京都印書館版『水晶幻想』について

川端康成による清水正光に関する記述でまず興味深いのは、清水が地元茨木の新聞『京阪新報』に投稿し小説を載せてもらっているという噂を聞いた文学志望の川端が、「清水君なんてあんまり文学が解つてゐると思へない。なに俺だつて」とファイトを燃やしているところである（「独影自命」七　大正五年二月一八日の日記より）。清水の投稿は川端の刺激となり、川端の作品投稿を促した。ただ残念ながら『京阪新報』大正期分は管見の限りでは所蔵が確認できなかった。なお川端家には、川端康成宛ての清水正光からの書簡一二通が残されている。書簡の時期は一九一七年から一九二五年にかけてで、このうち一通については時期が不明である。茨木中学校卒業後にも清水が川端と連絡をとっていたことが分かる。

また川端は「自作年譜」大正五年の項に、中学時代の友人であった清水が人文書院に勤務していたことを記している。そして『著作権台帳』（前掲）に掲載された「株式会社人文書院」の沿革に「戦前の編集企画については、川端康成氏と同窓であった清水正光氏が当られ、有形無形に川端氏の援助に負うところが大であった」とあり、川端が戦前期人文書院の出版企画を援助していたことが判明した。(8) この「援助」の具体的内容は第四節で検討する。

川端の著書は人文書院から出版されていないが、佐藤良憲氏が確認された一九四〇年頃の新刊案内チラシと考えられる「作家自選短編小説傑作集」近刊予告に、「題未定」として川端康成の名前が見られる。これより清水が川端に人文書院からの小説集出版を打診していたことが想定される。なお近刊予告の中に含まれる他の著者の本は発行された。さらに、川端と交流のあった作家寺崎浩の小説『愛の倫理』(一九四〇・七)の題字が川端康成によると、人文書院出版物の巻末に収録された広告への記載があることを佐藤氏が確認された。また一九四〇年七月一三日付東京朝日新聞朝刊掲載の同書広告にも「題字川端康成」と銘打たれている。しかし『愛の倫理』の書籍本体には川端の筆になることの記載はなく、現時点ではこの題字が川端によるものか確証がない。(9)『愛の倫理』は『国民新聞』朝刊に一九三九年七月一一日から同年一二月三〇日まで計一七一回連載された『愛にほふ』という小説で、『新しい情熱』という題で映画化され松竹より一九四〇年一〇月三日に公開された。この映画の新聞広告には、原作が人文書院から刊行された寺崎浩『愛の倫理』であることを記されている場合がある。

視点を変えて川端康成側からの人文書院との関わりを考えてみると、川端が清水との縁によって、人文書院の前身である、浄土宗に縁の深い民間精神療法団体「日本心霊学会」関係の出版物に関心をいだいた可能性が示唆される。その観点からの川端康成作品における心霊学や神秘思想受容、仏教受容等について、検討の余地が残る。(10)

二人の往来を示す最後の証跡は、京都印書館より一九四七年五月に発行された川端康成短編集

『水晶幻想』である。そしてこの本が、川端が人文書院（京都印書館）の編集企画に清水との縁によって明らかな「有形」の援助をしたと考えうる、現在判明している唯一の証跡である。事典類に記載された清水の履歴には、一九四七年一二月に清水が京都印書館の専務取締役となったとあるが、それ以前の五月に発行された『水晶幻想』の奥付にすでに「発行者　清水正光」と清水の名前が記載されている。あるいはこれが未刊行となった川端康成の「作家自選短編小説傑作集」であったのだろうか。短編集『水晶幻想』はすでに一九三四年、改造社より発行されていたが、京都印書館版での収録作品は表題作と「それを見た人達」「騎士の死」のみが改造社版と共通し、装幀は異なる。京都印書館版は三岸節子による装幀である。なおミネルヴァ書房初代社長杉田信夫氏の自伝『わたしの旅路』（ミネルヴァ書房　一九八三）には、若き日の渡邊睦久氏が京都印書館で『水晶幻想』の企画編集をしたという逸話が記されている（佐藤良憲氏のご教示に拠る）。

三―二　清水正光の出身地と後鳥羽院の水無瀬離宮跡

川端康成「独影自命」八（大正五年一二月三一日）に清水は「桜井の楠公焼の家をつぐべき君」と記され、文学志望の清水が進路に悩んでいたことが分かる。「桜井の楠公焼」とは各種資料によると、[11]大阪府三島郡島本町桜井の庄屋であった清水家の、近世以来の家業であった。しかし大正期には不振になっていた楠公焼は一九一七（大正六）年に廃窯する。この年清水は茨木中学校を卒業する。清水のご親族によると清水自身が楠公焼を継ぎたくないと家に言い、二人兄弟であった清水の弟も同様であったための廃窯であったという。楠公焼関係資料では廃窯と清水の生家の没落とが関係づけて書かれているが、ご親族によるとこの時点ではそうではなく、清水は楠公焼の廃窯、大学卒業、結婚後も桜井に住んでいた。ご親族が保管されている写真類にも昭和初期の清水夫妻と子供たちが桜井の家の門前で写っているものがあり、その証左となる。清水の著書『呼吸哲学』の自序にも「摂津桜井之里山荘にて」とあり、この序文を桜井で書いたと分かる。しかし生家没落のため、一九三七、八年頃に清水夫妻とその子女は大阪府高槻市へ転居する。その地で一九三九年、子女四人を遺して清水の妻が亡くなり、その後清水は再婚していない。

清水が人文書院支配人となるのは一九三八年、また後述するように川端が清水を介して人文書院の出版企画を援助し始めると考えられるのは一九三六年頃以降、そして一九四〇年頃の「作家自選短編小説傑作集」への川端の関与が考えられることより、人文書院側すなわち渡邊藤交が清水を重用していったことや川端康成による「援助」には、藤交や川端からの、生家が没落し妻を亡くした清水への配慮という、清水の編集手腕が評価されていたこととは別の事情も推測される。

ところで島本町にはかつて後鳥羽院の水無瀬離宮が所在した。現在は離宮跡に水無瀬神宮が鎮座しており、後鳥羽天皇とその皇子で承久の乱後流罪となった土御門天皇、順徳天皇が祀られている。後鳥羽院は中世初期を代表する歌人の一人であり、八代集の掉尾を飾る『新古今和歌集』は後鳥羽院の勅撰による和歌集で、承久の乱によって隠岐に流されたあとにも院は『新古今和歌集』を親撰した。清水の二作目の著書は小倉百人一首の「評釈伝記」であるが、小倉百人一首は『新古今和歌集』撰者の一人藤原定家の撰であるとされてきて、後鳥羽院、順徳院の歌は百人一首掉尾の二首である。このように清水の生家は和歌文学史上重要な地である水無瀬にほど近く、また清水は幼時より百人一首に親しんでいた。そして清水は著書『評釈伝記小倉百人一首』の後鳥羽院の項で後鳥羽院隠岐配流後の歌を引き「千歳の下、尚断腸のおもひにたへぬものを覚える」と記すように、院への悲痛な追慕の念をいだいていた。そのことは次節で検討するように、戦前期人文書院での清水編集による国文学関係書籍の出版にも反映されていたと考えられる。

四　編集者清水正光と戦前期人文書院における日本文学関係出版

人文書院は戦前期の「国文」関係の出版物で定評を得ていた。それらの書籍の編集に携わったのが清水正光であった。本節では清水が編集に携わった一九三五年前後以降の戦前期人文書院における日本文学関係出版物について、新出書簡類も参照しつつその特徴を紹介、検討したい。まず保田與重郎と小説関係、次に佐佐木信綱と歌集・和歌文学関係、そして俳句関係、最後に補遺として装幀と書簡類について紹介する。

四―一　保田與重郎『英雄と詩人』の成功と小説関係の出版書籍

保田與重郎は一九三六年一一月二一日に評論集『日本の橋』（芝書店）、その四日後二五日に『英雄と詩人』（人文書院）を相次いで発行した。奥付の日付だけを見れば『日本の橋』が第一作目となるが、谷崎昭男『保田與重郎』（ミネルヴァ書房　二〇一七）は「昭和十一年一月以降に執筆された作品を収録する同書（筆者注：『日本の橋』）に対して、『英雄と詩人』は、二篇を除いてそれ以前のものからなることにおいて、むしろこの方を保田の最初の著書とするのを適当とする」と述べる。翌一九三七年二月、文芸雑誌『文学界』において第一回池谷信三郎賞を、保田は「日本の橋その他」で、中村光夫「二葉亭四迷論その他」とともに受賞した。池谷賞は菊池寛が創設に関わり、『文学界』同人によって選考された新人賞で当時は名高く、第一回から第四回までは評論や翻訳に授与されていた。池谷賞に保田を推した河上徹太郎の選評「保田與重郎氏推薦理由」（『文学界』一九三七年二月号掲載）には、「保田君の評論は、最近二冊の単行本を通読して見て、或る特殊な体系を含んでゐるのを知つた」とある。したがって保田の池谷賞受賞における「日本の橋その他」の「その他」には、『英雄と詩人』も入ると考えられるからか、以後人文書院によるこの本の広告には「池谷賞作品」と銘打たれる[12]。

川端康成は『文学界』同人で保田を池谷賞に推していた一人だが、先述のように人文書院の出版企画が「有形無形に川端氏の援助に負うところが大であつた」のなら、川端が清水に保田を紹介した可能性がある。なお保田は『英雄と詩人』出版後に『浪曼派的文芸批評』（一九三九）、『詩人の生理』（一九四二）を人文書院から出版した。保田からの清水宛書簡（消印一九三九年三月七日　整理番号 11935）の内容は保田への出版打診に対する快諾である。また人文書院からではないが、保田は

『後鳥羽院』（思潮社　一九三九）を上梓している。先述のように後鳥羽院に思い入れのあった清水には、保田の志向に関心が高かったであろう。

　保田の主宰した雑誌『日本浪曼派』（一九三五―一九三八）には、のちに人文書院より著作を出版する太宰治、佐藤春夫、外村繁、中河与一、中谷孝雄、芳賀檀、若林つや、真杉静枝、伊東静雄（戦後の人文書院で全集出版）らが関わっている。保田の池谷賞受賞、『英雄と詩人』の成功が、日本浪曼派関係作家の著書を人文書院で出版することに繋がったのではないだろうか。また人文書院からは岡本かの子『希望草紙　随筆感想』（一九三八）が出版されているが、かの子の小説家としての最初の発表作「鶴は病みき」は川端康成の紹介で『文学界』一九三六年六月号に掲載された。かの子の書籍が人文書院から出版された縁は、川端や『文学界』関係か次に検討するような短歌関係かいずれだろうか。

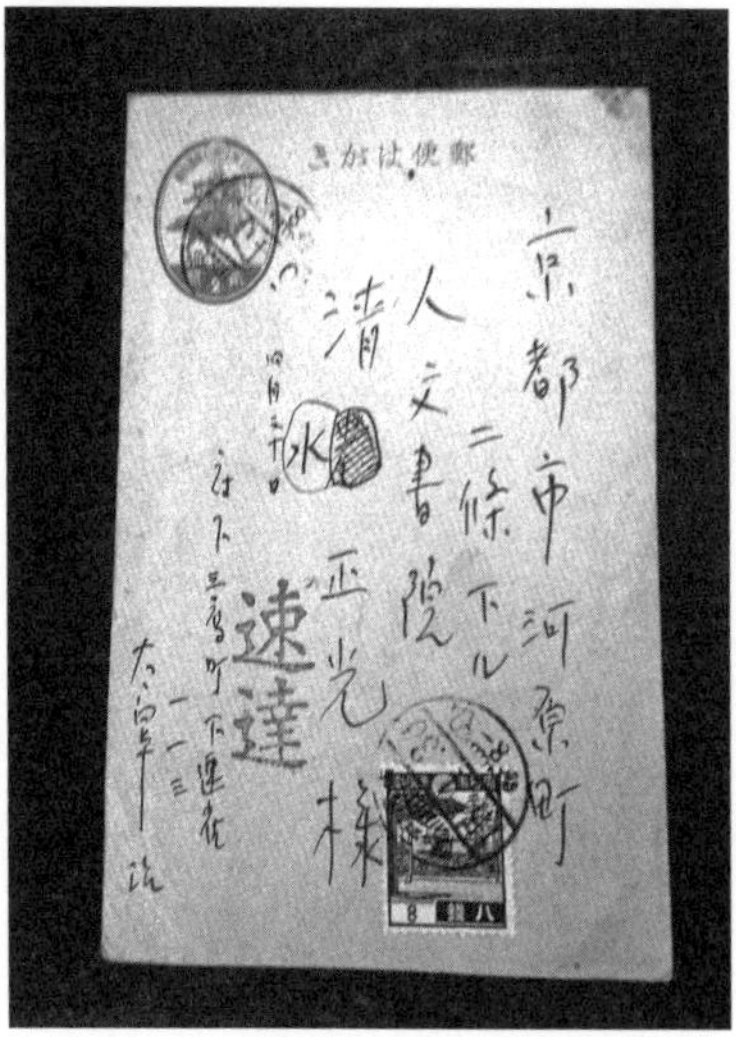

図２　太宰治から清水への葉書

　以上「有形無形に川端氏の援助に負うところが大であつた」という記述より、保田をはじめ『文学界』『日本浪曼派』関係者、中河与一など川端に旧知の作家や歌人を、川端が清水に取り次いだ可能性が具体的に想定されることとなった。また清水が人文書院で編集に手腕を発揮し始めたのは一九三五年前後であるが、新しく文芸書の出版を始めた、しかも当時の出版の中心地東京から離れた京都の出版社である人文書院より作家に出版企画を打診する際、編集者の清水が川端の同窓であることを伝えると、作家側も安心し企画が通りやすいということもあったかと、川端の「無形」の援助という記述から推測される。

ところで太宰治から清水宛の書簡は三通（うち二通は葉書（図2）、一通は書簡）、佐藤春夫から清水宛の書簡は一通確認されている。いずれも文学的に深い議論をしているわけではないが、装幀へのこだわり（太宰）、書籍名の思案（佐藤）など出版をとりまく現場の様相がうかがわれる。

四―二　佐佐木信綱と歌集・和歌文学関係書籍

戦前期人文書院における歌集や和歌文学関係書出版の特徴に、当時歌壇の主流であった、写生、萬葉集を重んじる歌風のアララギ系ではないことが挙げられる。そして佐佐木信綱とその門下の歌人の著書が多い。これは人文書院が東京の主流に接近できなかったというよりは、人文書院側の交流関係や清水の志向に由来したと考えられる。

佐佐木信綱は国文学の碩学としてもさることながら、竹柏会を主宰、歌誌『心の花』を一八九八年に創刊し、多くの歌人を育てた。そして渡邊藤交の若い頃からの友人であった画家の富田渓仙は、一九二〇年頃から萬葉集を深く学びなおし一九三〇年には信綱に教えを乞うほどであった[13]。信綱と人文書院との関係は渓仙を介してのものだった可能性もある。なお信綱の門人で戦前期人文書院から著作を出版した著者には、清水の死を悼む葉書を出していた斎藤瀏のほか川田順、栗原潔子、前川佐美雄らが挙げられる。また人文書院から著書は出版していないが、人文書院関係者と交流のあった言語学者新村出も信綱に萬葉集を学んだ。新村については金田一京助『学窓随筆』（一九三六）の「序」に「京都の人文書院の清水正光氏が、恩師新村出先生の御紹介を以つて来訪された」とあり、新村と清水あるいは人文書院とに関わりがあったと分かる。(14)

さて信綱の著書は、妻の佐佐木雪子との共著『筆のまにまに』（一九三五）、単著『歌がたり』（一九三七）等のほかに、日中戦争下で「慰問」向けに出版された伊藤嘉夫との共編著『傷痍軍人聖戦歌集』一、二（一九三九）、父弘綱の補著者として参加した『口訳国文叢書』一―四（一九三八―一九四〇）も挙げられる。川田順は新古今集関係書『俊成・定家・西行』（一九三六）等を出版した。ほかに人文書院での新古今集関係書籍出版には、名著の誉れ高い風巻景次郎の大著『新古今時代』（一九三六）がある。このような研究書出版は、アララギ、萬葉集の勢力が強かった時代には快挙だろう。その背景には清水に後鳥羽院への思い入れのあったことが挙げられよう。とはいえ人文書院では萬葉集関係書も先述の斎藤瀏の著書をはじめ何冊も発行された。これには萬葉集研究で名高い佐佐木信綱との関係が想定される。

信綱のみならず保田與重郎とも親交を持った前川佐美雄は、歌集『金剛』（一九四五）を人文書院から、歌集『寒夢抄』（一九四七）を京都印書館から出版した。一九三三年に東京から奈良へ帰郷した前川は、翌一九三四年に奈良で歌誌『日本歌人』を主宰、発行していた。『金剛』出版にあたり「懇な慫慂を」(『金剛』後記)したという渡邊睦久宛の前川による書簡(一九四四・六・二九　整理番号12532)では、前川が京都を訪ねて藤交夫妻と睦久の姉、清水正光に会ったことが記されている。

ところで人文書院の前身になる日本心霊学会が全国の寺院に『日本心霊』を送り、その治療法を宣伝して会員数を増やしたことを想起すれば、佐佐木信綱をはじめ斎藤瀏や前川佐美雄、清水の著書の序文を書いた太田水穂、ほかにも前田夕暮や岡山巌など、短歌結社や短歌雑誌の主宰者、有力歌人の歌集や著書出版を人文書院が手掛けたのは、全国に散在する歌誌の購読者、すなわち歌の弟子たちによる師の著書購入という、売れゆきがある程度見込めるという事情もあったからではないだろうか。

四―三　俳句関係

短歌とくらべると人文書院における俳句関係の出版物は手薄い印象がいなめない。しかし戦前期の人文書院が「生理学心理学」関係以外の出版で初めて出したベストセラーは、俳人釈瓢斎の随筆集『俗つれづれ』(一九三四)であった。釈は大阪朝日論説委員で「天声人語」執筆者、のち人文書院から俳句関係の書籍も出版した。なお一九三四年一一月二九日付東京朝日新聞朝刊には『俗つれづれ』の広告が大きく出ており、四人の著者から推薦文が寄せられている。京大総長の松井元興、人文書院での著書がある医学者永井潜、それから新村出と柳田國男である。新村と柳田の著書は人文書院から出版されていないが、二人は京大あるいは民俗学・民族学関係で人文書院関係者を識っていたのであろう。

柳田関係では次の逸話がある。清水はときに東京へ出張して著者と打ち合わせをしており、藤交へ長文の手紙でその報告をしていた。たとえば清水から藤交宛ての書簡（消印一九三七・三・四　整理番号 11094）では、河井酔茗から水野葉舟の記念会について聞いた話を報告している。会に柳田國男が出席していなかったこと、「彼が今日民族《ママ》学の権威たり得てゐるのは、一に水野氏に依るもの」であるのに出席していないことを折口信夫が言ったことが「痛快」であり、「恩人の記念会に出ない人なぞ余り感心出来ません」と話題を締めくくっている。この背景には水野葉舟が柳田の代表作『遠野物語』の成立に関わったという事情がある。この書簡で清水は藤交へざっくばらんな報告をしており、二人の信頼関係がうかがわれる。なお折口信夫の著書は人文書院から出版されていないが、折口の國學院での弟子高崎正秀の研究書『萬葉集叢攷』（一九三六）は折口の序文をいただいている。

次に著名な俳人による出版物として、飯田蛇笏、水原秋桜子、荻原井泉水らの著書が挙げられる。蛇笏の著書『俳句文学の秋』（一九三九）の「後記」には、この本が「人文書院主の慫慂により」まとめられたものであると記されている。蛇笏から清水宛の書簡（一九三九・三・二一付　整理番号 10363）は人文書院からの出版依頼への返信である。人文書院から出版された蛇笏の著書はもう一冊『旅ゆく諷詠』（一九四一）がある。蛇笏は当時すでに名高い俳人だったが現在も同様であり、蛇笏の著書を出したいと「慫慂」したことは、「人文書院主」渡邊藤交の慧眼によると言うべきであろう。

また大阪時事新報美術部にいた柳人渡邊虹衣による随筆集『茶と花』（一九三六）および虹衣作・選『銃後と戦線　川柳』（一九三九）も、短詩型文学の出版物として挙げておく。『日本心霊』での出版広告を確認すると『銃後と戦線　川柳』は佐佐木信綱・伊藤嘉夫共編『傷痍軍人聖戦歌集』一・二（一九三九）と共に、日中戦争下の「慰問品」として広告されている。虹衣が時事新報社に勤務していた清水の知人であったかは定かでないが、戦前期人文書院での出版企画に、茨木中学校での縁のほかにも清水の人文書院入社以前での人間関係が反映されていた可能性を指摘しておきたい。

四―四　装幀、書簡

本節では装幀に関して興味深い書籍二点と新発見の書簡類について紹介する。

まず歌人前田夕暮の『顕花植物　第五散文集』（一九三六）である。この本の装幀は戦前の日本における抽象美術を代表する版画家、装幀家の恩地孝四郎による。人文書院の出版広告でもこの本は恩地の装幀であることが銘打たれている。なおこの装幀は、この時期の恩地の装本の作風を代表する一つである。(15) 恩地からの書簡も二通残っており（整理番号 11932、11933）いずれも夕暮の推輓によって人文書院から出版された前田晁『人生私語　随筆集』（一九三七）の装幀に関する件である。

次に近代文学研究者として高名な塩田良平の著書『山田美妙研究』（一九三八）の装幀は、表紙こそ学術書らしい紺色のクロス装だが、見返しは富田渓仙『無用の用』の装幀に用いられたと思しき渓仙の画が転用され、柔らかな黄色を基調とした華やかなものである。なお「自序」によると、この本は他の出版社から出るはずだったのが「原稿は一ヶ年その書肆にとゞめられた挙句、最後に「売れない」といふ理由で其約が破棄された」とのことで「此度人文書院清水正光氏の好意により、此量高な不生産的な書物が、しかも此事変の只中に出版されるといふ事は涙なしには居られないのである」と感慨を語っている。謝辞の捧げられた一人に「友人風巻景次郎」とあることから、塩田の著作の人文書院での出版は、すでに人文書院から『新古今時代』を出版していた風巻の口添えがあったと考えられる。

戦前期に人文書院から著書を出版した著名人の書簡で本論で触れ得なかったものには、中河与一、森田草平、水野葉舟、相馬御風、河井酔茗、木々高太郎、前田晁、田辺尚雄、本間久雄、金田一京助、式場隆三郎等からの書簡が挙げられる。戦後の人文書院および睦久氏宛書簡には、滝口修造、白井浩司、白井健三郎、鈴木力衛、佐藤朔、片山敏彦、堀口大学、高橋健二、高橋義孝、芳賀檀ら翻訳者の書簡や、加藤道夫、芥川比呂志、加藤周一、矢内原伊作、中村古峡らの書簡が含まれる。それらには他の出版社との翻訳権争奪戦や、誰がどの翻訳をするのかといった話題も書かれている。また一九五四年、人文書院から出版されたカプラン『誘惑者』が猥褻図書として発禁になった後の舞台裏を見せる書簡（整理番号 10907）も含まれる。これらは戦後の翻訳書出版史において貴重な資料であろう。

おわりに

渡邊藤交が采配を振り、清水正光が編集に手腕を発揮した戦前期人文書院における日本文学関係出版物を見ていると、旧きをたずねるという契機を有する様々な書籍が目にとまる。それらには戦時下で自国の文化を賛美する、あるいはせざるを得なかった時代による制限もある。とは言え出版物それ自体や、書簡類や書籍の序文、後記、広告文等をたどれば、二人が、場合によっては時流にそぐわずとも良心的な出版物を世に届けようとしていたことが見てとれる。その結果として時代を超えて読者に出会い、読まれ続け得る書籍が残された。それらの書籍の著者の名前は知られても、書籍を世に送り出す役割を果たした二人の名前に言及されることはほとんど行われない。しかし二人の見識の高さは、彼らによって出版された書籍が古びず後世に遺っていること自体によって明らかである。本論で紹介、検討した戦前期人文書院の出版物は限られるが、日本文学関係書籍以外にも検討されるべき書籍は多く、新出書簡とともに今後の検討が期される。

注

（1）民間精神療法については、吉永進一「解説　民間精神療法の時代」（吉永進一編『日本人の身・心・霊――近代民間精神療法叢書』八巻　クレス出版　二〇〇四　所収）、栗田英彦・塚田穂高・吉永進一編『近現代日本の民間精神療法――不可視なエネルギーの諸相』（国書刊行会　二〇一九）等に詳しい。また本書所収論文を参照されたい。

（2）佐藤良憲「人文書院100年史へ向けて――小出版社史の可能性」（勁版会　第三六七回　発表レジュメ　二〇一四）にて、人文書院の創業年、社名について検討されている。

（3）福来友吉や千里眼事件については、一柳廣孝『〈こっくりさん〉と〈千里眼〉――日本近代と心霊学』（講談社選書メチエ　一九九四　増補版　青弓社　二〇二〇）、一柳廣孝「千里眼は科学の分析対象たり得るか――心理学の境界線をめぐる闘争」（金森修編『明治・大正期の科学思想史』勁草書房　二〇一七　所収）等に詳しい。また本書所収の一柳廣孝論文を参照されたい。

渡邊藤交の治療法や福来の理論から藤交への影響等については、吉永編（二〇〇四）、一柳廣孝「霊術を売る――日本心霊学会の言説戦略をめぐって」（一柳廣孝、吉永進一監修『特別展　奇なるものへの挑戦――明治大正／異端の科学』（岐阜県博物館　二〇一四）所収　初出『比較日本文化研究』第一〇号　二〇〇六）、一柳廣孝「田中守平と渡辺藤交――霊術家は〈変態〉か」（竹内瑞穂＋「メタモ研究会」編『〈変態〉二十面相――もうひとつの近代日本精神史』六花出版　二〇一六　所収　のち一柳廣孝『怪異の表象空間――メディア・オカルト・サブカルチャー』（国書刊行会　二〇二〇）所収）等に詳しい。また本書所収の吉永、一柳論文も参照されたい。

（4）人文書院の蔵で発見された新出資料のうち書簡類はおよそ二五〇〇通で、大正期から昭和三〇年代くらいまでの時期のものである。書簡類は次の四種類に大別される。一、人文書院の前身となった民間精神療法団体、日本心霊学会の会員からの書簡類。二、人文書院から出版された出版物の著者からの書簡類。三、日本心霊学会・人文書院創業者渡邊藤交とその息子で人文書院二代目社長睦久ら渡邊一家宛の私的な書簡類。四、藤交・睦久・戦前期人文書院の編集長を務めた清水正光・人文書院等に宛てられた年賀状。ほかに読者や書店からの注文書や請求書なども書簡類に含まれる。出版物の著者からの書簡には、太宰治、佐藤春夫など著名作家の貴重な書簡が含まれる。

（5）川端康成は一九一五年に茨木中学校の寄宿舎へ入る。寄宿舎では当時流行していた修養法の岡田式静坐法をしていたことが川端の日記から分かる。川端の記述より清水は自宅からの通学生であったようだが、寄宿舎で岡田式静坐法をしているのは知っていただろう。このように大正期の修養法の流行には若かりし川端や清水も接しており、のちに清水が『健康増進呼吸哲学――ヨギの強健呼吸法』を著した下地の一つになったと考えられる。

（6）日本書籍出版協会京都支部『わたしの戦後出版史――京都の出版の回顧と展望』（日本書籍出版協会京都支部 二〇〇一）。

（7）川端康成が書き残したもので清水正光への言及があるのは、管見の限りでは次に挙げるものである。確認にあたり小谷野敦・深澤晴美編『川端康成詳細年譜』（勉誠出版 二〇一六）を参照した。

•大正五年の日記（一月一三日、二月一八日、二月二七日、三月一〇日）・大正五年 習作ノート ・大正七年の日記（二月六日、二月一四日）・大正一一年の日記（四月四日） 以上『川端康成全集』補巻一（新潮社 一九八四）所収

•「独影自命」七、八 ・「自作年譜」大正五年の項 「独影自影」七・八と「自作年譜」は『川端康成全集』第三三巻（新潮社 一九八二）所収。「独影自影」七 初出 一六巻本『川端康成全集』第七巻 一九四九年九月二五日刊。「独影自命」八 初出 一六巻本『川端康成全集』第八巻 一九四九年一一月八日刊。「自作年譜」初出 一六巻本『川端康成全集』第一六巻 一九五四年四月一五日発行後、増補・補訂を経て一二巻本『川端康成全集』第一二巻（一九六一・八）収録。これを底本として本文が作成され、『川端康成全集』第三三巻に収録された。

•自伝的小説「少年」『川端康成全集』第一〇巻（新潮社 一九八〇）所収。初出『人間』一九四八年五、八、九、一〇月号、一二月号、一九四九年三月号、『川端康成全集』第一四巻（新潮社 一九五二）

•「温泉六月」『川端康成全集』第二六巻（新潮社 一九八二）所収。初出『文藝時代』大正一四年七月号

随筆欄。

・川端香男里「新発見　川端康成青春書簡九通」（『新潮』一九八七・八）より書簡九、大正八年一〇月一日附　正野勇次郎あて。

（8）第一節で挙げた『著作権台帳』における人文書院の沿革から引用する。なお引用部分の旧字体は新字体にあらためた。

大正十一年個人経営として中京区河原町二條に創業する。当時は関西出版界の草分け時代であつた。北隆館の大番頭であつた尼子揆一氏、栗田書店主栗田確也氏、東京堂の赤坂氏等の親身も及ばぬ助言と指導を受けながら、経営主渡邊久吉（現社長）の苦労は大変であつた。創業時より刊行書は主として文芸方面に力がそそがれ、なかんずく戦前の国文畑の出版においては、藤田徳太郎著「近代歌謡の研究」風巻景次郎著「新古今時代」森本治吉著「萬葉集新見」東光治著「萬葉動物考」塩田良平著「山田美妙」荒木良雄著「室町時代文学史」等かず多い学術的大著のほか、小説、評論、詩歌、随筆の清新な刊行書に見るべきものがあつた。なお戦前の編集企画については、川端康成氏と同窓であつた清水正光氏が当られ、有形無形に川端氏の援助に負うところが大であつたわけである。

この部分より二点指摘したい。まず日本心霊学会が人文書院の前身であることが記されていない。面目を一新して海外文学や哲学をはじめとする出版に力を入れていた当時の人文書院においては、日本心霊学会についてわざわざ記したくなかったと推察される。次に「北隆館の大番頭であつた尼子揆一氏、栗田書店主栗田確也氏、東京堂の赤坂氏等」から助言や指導のあったことが判明した。北隆館は取次店で、尼子揆一は一九二〇年に北隆館の常務理事に就任していた。また栗田書店も取次店で、栗田確也はその創業者である。東京堂は取次と出版業を営み、「赤坂氏」とは一九一七年に東京堂取締役に就任していた赤坂長助を指すと思われる。以上は鈴木徹造『出版人物事典』（出版ニュース社　一九九六）に拠る。

（9）宮崎尚子氏、川端康成記念會のご教示による。引き続き調査が続いている。

（10）川端の心霊学受容等の問題については、仁平政人氏のご教示による。

（11）楠公焼と清水の出身地に関して、島本町立歴史文化資料館館長吉村光子氏から次の資料とともに貴重なご教示とご示唆をいただいた。『島本町史　本文編』三九〇頁（島本町史編さん委員会編　島本町役場　一九七五）、奥村寛純「大正六年に廃業した島本の名陶「楠公焼」」（奥村寛純『水無瀬野をゆく』実費頒布・非売品　一九八八　所収）、『島本町立歴史文化資料館　館報』第五号（平成二四年度版（二〇一二）　島本町教育委員会　二〇一三）

（12）池谷信三郎賞については西川貴子「呼び寄せられた作家「池谷信三郎」――池谷信三郎賞設立にみる昭和十年前後の「文学」状況」（『新人賞・可視化される〈作家権〉』　近代文学合同研究会論集第一号　近代文学合同研究会　二〇〇四）に詳しい。ほかに『文学界』復刻版（不二出版　二〇〇八）、中村光夫『今はむかし――ある文学的回想』（講談社　一九七〇　のちに中公文庫　一九八一　今回参照したのは中公文庫版）等を参照した。

（13）冨田渓仙と渡邊藤交は、若き日に共に京都の大雲院で間借りして住んでいた時期以来の友人であるという。しかし管見の限りでは渓仙の各種年譜では渓仙が大雲院に住んでいたという記載は見当たらなかった。ただ『没後60年記念　冨田渓仙展』（京都市美術館・京都新聞社編　一九九六）所収の年譜（古川智次編）に、一九〇九年一〇月頃「仏光寺通寺町東入北側聚光寺内」に住むとある。ここは大雲院（当時の所在地）や日本心霊学会旗揚げの地であった透玄寺と目と鼻の先である。なお一九三五年五月八日付の読売新聞朝刊一ページ目に掲載された人文書院刊行書の広告では、渓仙の新刊『無用の用』が大きく取り上げられ、渓仙自装による書籍写真も掲載されている。当時人文書院の新聞広告で装幀の写真が掲載されるのは珍しく、宣伝への力の入れようが分かる。東京朝日新聞朝刊（一九三五年六月五日付）に掲載された広告で同書は「忽五版」、書籍写真は掲載されていないが「山内義雄氏曰」として「贅沢を極めた装幀」云々と紹介された。山内はポール・クローデルに渓仙を紹介した仏文学者で渓仙の知友である。
　渓仙と信綱との関わりについては次の論考に拠る。小田桐弘子「ポール・クローデルと扇面画」（『比較文化　福岡女学院大学大学院人文科学研究科紀要』四　二〇〇七）、裏辻憲道『京都画壇の異彩　冨田渓仙』（京都新聞社　一九八五）。

(14) 宮﨑尚子「川端康成と藤波大超〜大阪府立茨木中学校の生徒葬〜」(『尚絅語文』第六号　二〇一七)は、川端や清水の茨木中学校での同級生で隠れキリシタン史料発見者であった藤波大超について詳細に紹介する。この論考によると藤波と清水は五年丙組のクラスメートで、藤波と清水が写っている学級写真も紹介されている。ここで言語学者新村出を想起すると、新村はキリシタン史料にも詳しく藤波の発見によって現地を訪れ「摂津高槻在東氏所蔵の吉利支丹遺物」(『京都帝国大学文学部考古学研究報告　第七冊』一九二三)を執筆している。当然のことながら藤波と新村には交流があった。

(15) 恩地邦郎「業としての装本」(恩地孝四郎(作)恩地邦郎(編)『恩地孝四郎装本の業　新装普及版』三省堂　二〇一一　所収)、桑原規子『恩地孝四郎研究——版画のモダニズム』(せりか書房　二〇一二)を参照した。

【附記】

＊本論は、科学研究費補助金「デジタルアーカイブ構築による人文書院戦前期資料の多面的文化史研究」(基盤研究(C) 15K02241　研究代表者：一柳廣孝、研究分担者：吉永進一、菊地暁、栗田英彦、石原深予　研究期間：二〇一五・四・一—二〇一八・三・三一)による共同研究の成果の一つである。

＊本論の元となった拙稿は「編集者清水正光と戦前期人文書院における日本文学関係出版——日本心霊学会から人文書院へ——」(『和漢語文研究』第一六号　二〇一八)、「戦前期人文書院に関する資料の紹介——編集者清水正光と川端康成を中心に——」(『和漢語文研究』第一七号　二〇一九)である。この二篇は国際ワークショップ「近代化と霊的・精神的・身体的実践——ヨガからレイキへ」(二〇一五年一二月　於　京都大学人文科学研究所)での研究発表「近年発見された日本心霊学会の資料について」および、ワークショップ「日本心霊学会から人文書院へ　新資料調査の中間報告」(京都大学人文科学研究所共同研究(二〇一四—二〇一六年度)「日本宗教史像の再構築」との合同企画で「日本宗教史像の再構築」第一三回研究会にもあたる。二〇一六年一二月　於　京都大学人文科学研究所)での研究発表「編集者清水正光と戦前期人文書院における文学関係出版」に基づき、大幅に補足、修正している。発表に際してお世話になり、また貴重なご教示をたまわりました皆様に感謝申しあげます。

＊人文書院で発見された書簡類は二〇一五年八月に共同研究参加者及び協力者によって第一回目の整備が行われた。続いて二〇一六年二月に開催されたワークショップ「日本宗教史資料整理の実際――日本心霊学会資料を素材として」（於　京都大学人文科学研究所「日本宗教史像の再構築」第一五回研究会にもあたる）において整備が行われた。本論執筆に際して閲覧、参照した書簡類は、この二回の整備によって活用可能となったものである。資料整備やワークショップにご参加くださり、お世話になりました皆様に感謝申しあげます。

＊寺崎浩『愛の倫理』の川端康成の題字について、また清水正光から川端康成宛ての書簡が残っていることについては、宮﨑尚子先生にご教示とご調査の多大なご協力をいただいた。また書簡に関しては川端康成記念會からもご高配をいただいた。宮﨑尚子先生、川端康成記念會、仙波亜美氏（川端康成記念會）へ深謝申し上げます。

＊清水正光の写真は清水正光令孫倉田美春氏よりご提供いただき、倉田氏と清水正光のご縁戚の方々から貴重なご教示をいただきお話をうかがった。清水正光のご親族、ご縁戚であられる倉田美春氏、清水貞治氏、清水孝治氏ご一家の皆様に深謝申し上げます。

＊共同研究「デジタルアーカイブ構築による人文書院戦前期資料の多面的文化史研究」は、人文書院現社長、渡邊藤交令孫渡邊博史氏から多大なご協力をいただいた。『日本心霊』や書簡類をはじめとする貴重な資料を閲覧させていただき、数々のご質問にお答えいただくなど貴重なご証言もいただいた。また人文書院営業部佐藤良憲氏からは、資料提供をはじめとして様々なご配慮ご協力をいただいた。ワークショップ「日本心霊学会から人文書院へ　新資料調査の中間報告」等の場では、渡邊藤交やその息子で人文書院二代目社長渡邊睦久氏と共に働かれた人文書院の元社員の方々にもお目にかかり、貴重なお話をうかがった。渡邊博史氏をはじめとする人文書院関係者の皆様に深謝申しあげます。

特別資料　西田直二郎、折口信夫講演録（『日本心霊』より）

（講演記事において一字下がった部分は記者によるまとめと思われる。
また、明らかな誤字は修正した。——編集部）

年中行事と民俗研究

京大教授文學博士　西田直二郎氏

社會生活に於ける循環的なる規準

年中行事《ねんちうげうじ》は割合《わりあひ》に人々《ひと〴〵》から興味《けうみ》を以《もつ》て迎《むか》へられてゐる、年々《ねん〳〵》歳々《さい〳〵》繰返《くりかや》さゝる〔ママ〕行事《げうじ》、春夏秋冬《しゅんかしうとう》の或《ある》一定《てい》の時《とき》、一定《てい》の日《ひ》に毎年《まいねん》々々繰返《くりかや》して行《をこな》はるゝ事柄《ことがら》は、單《たん》なるしきたりではない、尠《すくな》くとも人生《じんせい》に關係《くわんけい》し、生活《せいくわつ》に根據《こんきよ》をもつて發生《はつせい》したのである、各種《かくしゆ》の行事《げうじ》は色々《いろ〳〵》の變遷《へんせん》を經《へ》て今日《こんにち》に及《およ》んでゐるから其行事《そのげうじ》の本態《ほんたい》は容易《ようい》に決定《けつてい》さるべきではないが、それらは社會生活《しやくわいせいくわつ》の上《うへ》に出現《しゅつげん》してゐるのである

年中行事《ねんちうげうじ》の考察《こうさつ》にも、歴史的研究《れきしてきけんきう》と同《おな》じき〔ママ〕規矩《きく》がある

我々《われ〳〵》の生活《せいくわつ》にも、日々《にち〳〵》のきまりがある、原始的狀態《げんしてきぜうたい》の時代《じだい》にも之《これ》があつた、狩獵時代《しゅれうじだい》にも之《これ》があつた、たとへば渡《わた》り鳥《どり》が來《く》る頃《ころ》には何々《なに〳〵》をすると云《い》つたやうな周期《しうき》がある、農業《のうげう》にはかゝる循環《じゅんくわん》が規準《きじゅん》となる、生活《せいくわつ》が複雜《ふくざつ》になつても、恁《こ》うしたきまりが必要《ひつよう》である、商業《せうげう》にも矢張《やは》り循環的規《じゅんくわんてきき》

準《じゆん》がある、やがてそれが年中行事《ねんちうげうじ》となる

たゞ、今《いま》の時代《じだい》は極《きは》めて複雑《ふくざつ》であつて過去《くわこ》の傳承《でんせう》はそのまゝに生《い》きて居《ゐ》ない、今《いま》の時代《じだい》でもお祭《まつ》りの日《ひ》には休《やす》む、然《しか》し祭《まつ》りと生活《せいくわつ》とはピツタリと合《あ》つて居《を》らぬ、公《おほやけ》の儀式等《ぎしきとう》と結《むす》びついて一の意議《いぎ》が持《も》たされてゐるのである、かゝる方面《はうめん》の事《こと》は明治維新以來《めいじいしんいらい》特《とく》に變《かは》つて來《き》たのである

それは古い形の制度化したるもの

大體《だいたい》、年中行事《ねんちうげうじ》とは中古《ちうこ》に於《おい》て云《い》ひ出《だ》された言葉《ことは》であるが、これらの時代《じだい》にありては、其年中行事《そのねんちうげうじ》なるものも宮廷《きうてい》の儀式《ぎしき》が中心《ちうしん》となつてゐた、然《しか》し夫《そ》れのもつと古《ふる》い形《かたち》を考《かんが》ふれば神事《しんじ》、或《あるひ》は狩獵《しゆれう》の祭儀《さいぎ》が中心《ちうしん》になつてゐた

中古《ちうこ》に於《おい》て固定《こてい》した年中行事《ねんちうげうじ》はそうした古《ふる》い形《かたち》が制度化《せいどくわ》したものであり、更《さら》にそれが生活事情《せいくわつじぜう》の複雑《ふくざつ》と共《とも》に色々《いろ〱》に變遷《へんせん》したのが今日《こんにち》の年中行事《ねんちうげうじ》である

然《しか》しそれらの行事《げうじ》によりて我々《われ〱》の祖先《そせん》の持《も》つて居《ゐ》た考《かんが》へを或程度《あるていど》までは知《し》ることが出來《でき》る、原形《げんけい》にも考《かんが》へ及《およ》ぼさせることが出來《でき》る

たとへば、つい此間行はれた京都の葵祭りの諸儀式のうちにも古い殘りがある、祭りに供して従ふ知事は近代の服裝をしてゐても矢張り葵をかざす、この葵の説明には色々あるが、原義は呪術的なものである、生命の樹であると思ふ

晩春の頃には、鎭花祭が行はれる、それは樹のスピリツトなる花のちる頃には、當然に跋扈する

であらう所の悪靈を除くためなる神祭りである、花の散ると云ふが如きは、生物學の問題であるが、古人はそれを生靈の問題として見たのであり、アニミズムの考へと結びついて、國民生活と大きく關係してゐるのである

フレーザーの著書のうちにも色々と書かれてあるやうに、西洋にも各種の行事、儀式がある、殊に獨逸の南方ではチユートン民族の習慣が、それらの儀式のうちに澤山に殘つてゐる、基督敎時代になつても異敎徒の信仰儀式はいろ〳〵と織り込まれてゐる、たとへば木で人の形を拵へ、それを殺す所作、眞似をする式がある、この場合人形を殺すのは、殺して生かすためである、古い精靈を殺して、また新たなる精靈を復活させようとする生命の樹の觀念より出た式であり原義は呪術的なものである

プリミチーブにアニミスチックな心理

マスペローは、裝蝕的《そうしよくてき》なものには護符《ごふ》の役目《やくめ》をするものが多《おほ》いと云《い》つたが、それは我國《わがくに》の場合《ばあひ》にも應用《おうよう》し得《え》られる、東遊《あづまあそ》び、五節《せつ》の舞《まひ》にはその舞人《まひびと》は日陰蔓《ひかげかづら》を用《もち》ふるが、此《この》ひかげかつらなる髮飾《かみかざ》りは重《おも》い意味《いみ》を持《も》つてゐる、舞人《まひひと》の櫛《くし》かざしも裝飾《そうしよく》とか美《び》とかの目的以外《もくてきいぐわい》に、あゝした形《かんち》には重大《じうだい》な意味《いみ》がある

理解を強めるためにもう少し櫛の事を云はう、昔、伊勢神宮の齋宮となられる方は、先づ郊外の清淨な地たる野々宮で潔齋される、歴史上色々の變遷はあるが齋宮に各種の神秘の式があつて、

一定期限の潔齋が終り、群行即ち伊勢へ發向せらるゝとき天皇は南極殿に出御あり、櫛を齋宮の頭にさゝせたまふと齋宮は出發されるのであるが、それからは後ろを振り向いてはならぬとされた、後世、之は別れの櫛と云はれたが、然かし單に惜別のものではない、一體、櫛なる名稱には呪術的なマヂカルな意味がある、古事記には投げられた櫛が筍となつたと云ふ物語があるが、櫛は竹で造つたと思ふ、マレー民族にも之があり、其櫛には呪術的な文樣が施されてある、アフリカの櫛も竹で作り、大きさは草履位ひあり、齒は指の太さ位のものが五本で之にも文樣がある、無論、實用のものではなくマヂカルなものである、我國平安朝に於ける櫛に關する信仰もなほ之を語る、即ち平安朝には櫛占があつて「大鏡」には櫛のさし方が間違つてゐた事を憂ゆる話があり、夜に櫛を投げるのは忌まれた、主としてつげの櫛が用ひられたのにも亦意味があつた、今日でも落ちてある櫛は拾はぬとの俗信がある、大分縣で發掘された埴輪の額に大きな櫛をのせてあつた鎧にも櫛の圖を書いたのがある要するに之等は櫛の呪力によりて惡魔を遠ざけ、身を保護するとの信仰から出たのであらう

年中行事もかゝるプリミチーブな、アニミスチツクな心理《しんり》によりて多分《たぶん》に支配《しはい》されてゐる、そして又其底《そのそこ》には、古代《こだい》から傳《つた》ふる國民《こくみん》の生活《せいくわつ》意識《いしき》がある

たとへば端午に菖蒲を用ふるのは青い葉を喜ぶのにも由るが、それよりも生々とした菖蒲の葉の劍のやうな形が惡魔を避けさせるといふ類似模倣的な意味が大きく働いて居る、西洋のクリスマ

スツリーの如きも古い形は門口や窓に樹をさして置くので疑ひもなく生命の樹の觀念から來る習俗であつた、クリスマスの夜には窓の所に食物を出して置くと云ふのも、精靈に供へ惡靈の退却を乞ふためであつた、日本の節分に門口に柊をさし鰯を供へるのもまた之と同じ意味である

祭禮と神輿渡御の二つの意味

祭禮《さいれい》には神輿《みこし》の渡御《とぎょ》がある、神輿《みこし》は氏子《うぢこ》の地域《ちいき》を巡《めぐ》るのであるがこゝに古代村落《こだいそんらく》の形《かたち》を思《おも》はせ共《けう》同《どう》の團體《だんたい》、コムミユンの組織《そしよく〔ママ〕》を思《おも》はせるものがある

神輿《みこし》の渡御《とぎょ》には二つの意味《いみ》がある、一は神靈《しんれい》の巡《めぐ》りとして氏子《うぢこ》が喜《よろこ》び迎《むか》へる事《こと》と、一は神《かみ》が氏子《うぢこ》からの供物《ぐもつ》を受納《じゆのう》せられる事《こと》である此兩者《このれうしや》の關係《くわんけい》が神輿渡御《みこしとぎょ》の要素《ようそ》で今日《こんにち》でも神輿《みこし》の通《とほ》られる道《みち》筋《すぢ》の家《いへ》では其前《そのまへ》に酒樽《さかたる》等《とう》を出《だ》して供物《ぐもつ》とする風習《ふうしう》のあるのもその名殘《なごり》である、然《しか》もかうした原形《げんけい》は古代《こだい》の自然經濟《しぜんけいざい》と結《むす》びつく

英國では王様の國めぐりと貢ぎ物とは不可分のものであつた、後世、英國の貴族は季節時に自己所有に屬する莊園を巡つた、之れ等は直ちに我國の風習とは合はぬが、然かし我國でも假り宮は貢ぎ物を積んで置く所であつた

行事と思想と生活

若《も》し此類《このるい》のことを一々《くど》說き出《だ》せば際限《さいげん》がないが、要《よう》するに年中行事《ねんちうげうじ》なること、一定《てい》の季節《きせつ》に一定《てい》

の事《こと》を繰返《くりかへ》して行《おこな》ふ風習《ふうしう》、所謂《いはゆる》しきたりのうちからは、古代生活《こだいせいくわつ》を思《おも》はしめ、民族思想《みんぞくしそう》の現《あらは》れを考《かんが》へしめる資料《しれう》となるものがあり、又其他《またそのた》いろ〳〵な事《こと》を發見《はつけん》せしめ而《しか》して尚且《なほかつ》よりよき生活《せいくわつ》を營《いとな》ませる爲《ため》に我々《われ〳〵》に敎《をし》ゆる所《ところ》が多《おほ》いのである

（民俗學會京都大會に於ける講演要旨）

出典：「日本心霊」昭和五年六月一日号第一面

門◆精靈と大伴と物之部

慶大教授　折口信大氏

月の歌の一首

もの丶ふの伴《とも》の雄《を》ひろきおほともに國榮《くにさか》えんと月《つき》は照《てる》らし

とかういふ歌《うた》が「萬葉集《まんようしう》」にある〔。〕従來《じうらい》、この歌《うた》は大伴氏《おほともし》を詠《よ》んだので、つまり大伴氏《おほともし》の固《かた》めてゐた所《ところ》に月《つき》が射《さ》した有様《ありさま》は壯大《そうだい》で豊《ゆたか》であると詠嘆《えいたん》したのだと普通《ふつう》には解釋《かいしゃく》されてゐた、然《しか》し考《かんが》へて見《み》ると此解釋《このかいしゃく》には、どうも首肯《しゅこう》されぬ節《ふし》がある、歌《うた》と解釋《かいしゃく》との間《あひだ》に間隙《かんげき》がある、スキがある

古代の人々は敏感だか、鈍感だか分らない所がある、だから近代人の頭で輕卒に古人の詠み書いた歌や文章を判斷し解釋すると間違ひが起る、昔の言葉には近代人の頭では容易に解せられぬ意味がある

だから分つてゐると思つてゐることで實は分らぬことが多い、萬葉集でもそうであり、古事記書紀でもそうである　祝詞の如きは分らぬのが寧ろ當然である〔の〕で、此おほともの歌も實は十

分に分らぬけれども唯從來の解き方が正しくないといふ事だけは云へる
然かし分らぬとだけでは濟まされない、そうして又、朧げではあるが、私には其歌意のあるところを窺へるやうにも思ふ

應天門と大伴氏

朱雀門《しゅじゃくもん》、應天門《おうてんもん》がおほともである、はつきりと文献《ぶんけん》には傳《つた》はつてゐないが、ずつと古《ふる》い時代《じだい》には、宮廷《きうてい》の門《もん》は、それ〴〵特殊《とくしゅ》な位置《いち》にある家々《いへ〳〵》で建《たて》たとの傳説《でんせつ》があるこの事《こと》を匂《にほ》はした歌《うた》もある
平安朝時代《へいあんてうじだい》の事《こと》でさへ、既《すで》に分《わか》らぬことも多《おほ》いが、朱雀門《しゅじゃくもん》のうちに應天門《おうてんもん》はあつたらしい、而《しか》して之《これ》がおほともであつた、而《しか》して此《この》おうてん門《もん》と、おほとも氏《し》とには關係《くわんけい》があつた
大體、おほともの大伴氏は不思議な家柄で、大久米氏を祖先だといふやうになつてゐるが、茲で知らなければならぬのは、古い時代に於ては、神聖な職業は世襲であつた事である、若し他家の人が、其職に從ふ場合には前の人の家の名を云ふたものであつた
御きさきを出す家筋も決まつてあつた、丹波氏がそれである、若し他家から出でられるときは丹波氏の資格になり、丹波氏となられたのである＝それが後世になると藤原氏となつた＝つまり同じ家筋の人となるので常識的に云へば祖先から子孫に續くのである
さて此大伴氏《このおほともし》が久米氏《くめし》を祖先《そせん》だといふやうになつたのは、大伴氏《おほともし》は久米氏《くめし》の職分《しょくぶん》を代行《だいこう》し、佐伯《さへき》氏《し》の仕事《しごと》まで兼《かね》てゐたからである

神聖な職と靈魂を自由に扱ふ團體

大伴氏《おほともし》の事《こと》はこれで分《わか》つたとしてさて、おほともとは何《なに》か

これには武士《もの丶ふ》の伴《とも》の雄《を》、それから八十伴《やそとも》の雄《を》といふことを考《かんが》へてみなければならぬ

ともなふは、神《かみ》に仕《つか》へる職業《しよくげふ》である、ともなふは八十伴《やそとも》の雄《を》といはれるやうに澤山《たくさん》あつたが、次《し》第《だい》にそれが、いくさ人《ひと》、即《すなは》ち軍人《ぐんじん》のやうになつて來《き》た

「とも」は神聖《しんせい》なる職業《しよくげふ》のことであり、其《その》ともを統轄《とうかつ》するのが「ともなふ」であつた軍人《ぐんじん》は物《もの》の部《べ》で軍人《ぐんじん》をものゝふと云《い》ふのは物之部《もののべ》の音韻變化《おんいんへんくわ》である

もののふの物之部《もののへ》は、霊魂《れいこん》を自由《じゆう》に扱《あつか》ふ團體《だんたい》のことである

「もの」とは他《た》から來《く》る靈《れい》の事《こと》である、偉力《いりよく》ある靈《れい》を呼《よ》び起《おこ》し、その靈《れい》を自由《じゆう》に扱《あつか》ふ團體《だんたい》が物之部《もののへ》である、即《すなは》ちものゝふである

大門と門まつり

奈良朝時代《ならてうじだい》には大嘗宮《だいせうぐう》の正門《せうもん》で矛《ほこ》を樹《た》てた、この矛《ほこ》を樹《た》つる役《やく》を奉仕《ほうし》するのが物之部《もののへ》であつたが、それを亦大伴氏《またおほともし》が兼行《かねおこな》つた

こゝで鳥渡〔ママ〕云ひ添へるが、語源によつてその事を知らうとする事、即ち語源説は駄目だといふことである、或一つのものから語が出來るのではない、そこには聯想がある、大伴といふ語もそう

であつて、それにはいろ〳〵な意味がある、語源はこうだから、この事實は斯うだと云ふ風なことは云へぬ、語源説をそのまゝ信ずるのは危險である

然《しか》らば何故《なぜ》、正門《せうもん》で矛《ほこ》をたてるやうになつたかといふ事等《ことゝう》に就《つ》いて詳《くは》しくは云《い》はぬか、日本《にほん》の古《ふる》い神《かみ》に、「大《おほ》とのぢ」「大《おほ》とのべ」といふのがある、これは多分《たぶん》、巫女《ふじよ》の空想《くうそう》から生《うま》れたと思《おも》はれるが、要《よう》するに建物《たてもの》の神様《かみさま》で、「ぢ」は男精《なんせい》「べ」は女精《じよせい》である、これが祝詞《のりと》には大《おほ》とまべ彦《ひこ》、大《おほ》とまど姫《ひめ》となつて居《を》り、更《さら》に後世《こうせい》になると、半分《はんぶん》は邪惡《じやあく》の神《かみ》だといふ意《い》を含《ふく》めて「大戸惑《おほとまど》」といふやうな文字《もんじ》で表現《へうげん》されるやうになつて居《ゐ》る、大戸《おほと》は門《もん》の事《こと》らしい

大《おほ》とまべ、大《おほ》とまどは門《もん》の神《かみ》である、門《かど》まつりの神《かみ》である、そして大伴《おほとも》は大戸《おほと》に關聯《くわんれん》する

伴《とも》の雄《を》を澤山《たくさん》に持《も》つてゐる、伴《とも》を多《おほ》く引《ひ》き連《つ》れてゐるから大伴《おほとも》といふのではなく、大戸惑《おほどまど》、即《すなは》ち大門《おほと》を固《かた》めるから大伴氏《おほともし》と云《い》つたの〔で〕ある

精靈とものゝふ

偶像破壞説《ぐうぞうはくわいせつ》のやうな事《こと》をいふが日本《にほん》の文學《ぶんがく》は分《わか》らない、伊勢物語《いせものかた》りを讀《よ》んでも疑問《ぎもん》だらけである、源氏物語《げんじものがた》りを讀《よ》んでも分《わか》らぬ事《こと》が澤山《たくさん》ある、だから大伴氏《おほともし》を大戸《おほと》と關聯《くわんれん》させ、後《のち》には朱雀門《しゆじやくもん》、應《おう》天門《てんもん》がおほともであるといふやうに考《かんが》へるまでには、無論《むろん》、いろ〳〵な歩《あゆ》み寄《よ》りがあつた

こゝで、も一つ考へさせることは、王朝時代の實務官には「みこともち」と「おほともひ」なる二種があつた事である、上の命令を奉持し上に代り神に代り命令を外部に傳へるのが「みことも

ち」であり、常に内に居り、宮廷を警衛し各種の事務を執つたのが「おほともひ」であつた、斯くおほともが外に出でず、門の内外を警衛し、又内の事務を執つたといふ事は、私の如上の説が大して誤りでない事を一方面から或程度まで證據立てるのであると云へよう

引《ひ》つめて云《い》へば、大伴氏《おほともし》の祭《まつ》つた神《かみ》は門《もん》の精靈《せいれい》であつた、門《もん》の邊《あた》りに集《あつ》められた精靈《せいれい》を取扱《とりあつか》つたのが物《もの》の部《へ》、ものゝふであつた

平安朝《へいあんてう》になつて、大伴《おほとも》は伴《ばん》となつたが、伴大納言《ばんだいなごん》が應天門《おうてんもん》を焼《や》いたのは有名《ゆうめい》な話《はなし》である、大納言《だいなごん》は不平《ふへい》に堪《た》へず之《これ》を焼《や》いたのである競争者《けうそうしゃ》を傷《きず》つけるために焼《や》いたのだといふのが歴史家《れきしか》の通説《つうせつ》になつてゐるが、大伴氏《おほともし》たる伴大納言《ばんだいなごん》が特《とく》に應天門《おうてんもん》を目指《めざ》して焼《や》いたといふ事《こと》には、何《なに》か別《べつ》に深《ふか》く考《かんが》へなければならぬものがあるやうに思《おも》はれる

非常《ひぜう》に複雑《ふくざつ》な話《はなし》を短時間《たんじかん》にしやうとしたゝめに分《わか》らぬ事《こと》が多《おほ》いと思《おも》ふが、とに角《かく》

ものゝふの伴《とも》の雄《を》ひろきおほともに、國榮《くにさか》えんと月《つき》は照《て》らし

の一首《しゅ》の歌《うた》のうちには、我々《われ〳〵》の祖先《そせん》の信仰《しんこう》や思想《しそう》や感情《かんぜう》について考《かんが》ふべき事《こと》が多《おほ》いのである

蕪雑《ぶざつ》で不徹底《ふてってい》であるが私《わたし》の話《はなし》はこれで打《う》ち切《き》る

（民俗學會京都大會に於ける……講演筆記要旨）

出典：「日本心霊」昭和五年六月一〇日第一面

西田・折口講演解題

菊地　暁

昭和五（一九三〇）年五月一七日、東京の民俗学会と京都の民俗学研究会の合同により、京都帝国大学楽友会館にて民俗学大会が開催される。参列者は二〇〇名を数え、西田直二郎「年中行事と民俗研究」や折口信夫「門」の講演が行われた。以上のことは、『史林』一五巻三号（一九三〇年七月）の「彙報」などから既に知られていたことだが、肝心の講演内容は著作集や全集などには収録されず、従来不明だった。それが、今回のプロジェクトによって、講演要旨が『日本心霊』紙上に掲載されていたことが判明、ここに再録することとなった。ついては、この講演をめぐる文脈を簡単に紹介しておこう。

日本民俗学の歴史は雑誌で区分すると便利だ。萌芽期の『郷土研究』（一九一三～一七）、発展期の『民族』（一九二五～二九）と『民俗学』（一九二九～三三）、確立期の『民間伝承』（一九三五～五七［発行・民間伝承の会］）といった具合である。このうち、昭和五年の民俗学大会を共同主催した民俗学会は『民俗学』を発行する団体である。柳田國男（一八七五～一九六二）が若き同志と共に創刊した『民族』は、やがて、ゆるやかな全国的ネットワークを指向する柳田と、ディシプリンとしての自立を指向する岡正雄（一八九八～一九八二）ら若手学徒との方向性の違いにより休刊、それを受けて創刊されたのが『民俗学』であり、若手学徒たちに推された折口信夫（一八八七～一九五三）が代表を務めることとなる。

大会のもう一つの主催団体である京都の民俗学研究会は、京都帝国大学の学内団体であり、その中心となったのが文学部史学科国史学教授・西田直二郎（一八八六～一九六四）である。京大史学科の一期生である西田は、ヨーロッパ留学でケンブリッジ大のハッドンやリヴァーズから人類学を学び、当時の国史学界に「文化史学」の新風を吹き込みつつあった気鋭の歴史家。その新鮮な学問に魅了された国史、東洋史、考古学などの若き学徒たちに推されて京都帝国大学民俗学談話会を開催することとなり、その集まりは後に、民俗学研究会、さらには民俗学会となった。

そして、折口と西田は大阪・天王寺中学の同級生として旧知の仲だった。二人の同級には、歴史学の岩橋小弥太（一八八五～一九七八）や国文学の武田祐吉（一八八六～一九五八）も在学。彼等は、図書館で記紀や万葉集を読み漁り、休日には南河内や大和の史跡を訪れていた。折口『死者の書』には難波から二上山を経て飛鳥へ至る道のりの細やかな描写がみられるが、これは西田にとってはまるで中学時代の「旅の思い出の記録」だという（西田直二郎「釈迢空君を憶ふ」『短歌』創刊号、一九五四年、八三頁）。そのような二人が、昭和初年、奇しくも東西の民俗学団体の代表となり、合同大会を主催するに至ったわけだ。

折口「門」は、万葉集の月を詠む歌を手がかりに（なお、『万葉集』巻七所収の歌〔一〇八六〕は初句が本来「靫懸《ゆきか》くる」となっており、折口の覚え違いもしくは講演筆記のミスがある）、大伴氏と門の関係から「もののふ」の職掌が物理的な武力のみならず霊的な守護に及ぶことを論じたもの。近代的な解釈をいったん切断して古代人の思惟に迫る折口独自のアプローチはここでも存分に発揮されている。なお、本講演と重なるトピックを論じたものに「日本文学の発生――その基礎論」（『岩波講座 日本文学』第一一輯、一九三二年〔折口信夫全集第四巻所収〕）があり、この講演で取り上げた歌の類似歌を取り上げた節は「もの丶ふの呪術」と題されている。

西田「年中行事と民俗研究」は、民間に伝承される年中行事の研究意義を概説したもの。葵祭や櫛の呪力など、古今東西の事例を扱い、フレイザーやマスペロにも言及しつつ、年中行事が古代生活や民族思想を示す有力な史料であることを論じている。京大民俗学会を主催する西田は、多くの後進を民俗学へと誘ったが、西田自身による民俗学的著作はそれほど多くはない。『日本文化史論考』（吉川弘文館、一九六三）に数編の論考が収められている程度であり、その点からも本講演は珍しいものといえよう。

この講演が行われた合同大会に、当時民俗学への関心を深めつつあった野村瑞城が列席した結果、要旨が『日本心霊』に掲載されたのだろう（菊地コラム参照）。これに限らず、行動的で雑食的なジャーナリスト瑞城の知的好奇心は、当時の京都周辺における知識人・文化人の動向をさまざまな角度からすくい上げている。狭い盆地に多くの大学や研究機関、宗教団体が密集する京都の知的エコロジーは、ジャンルを超えたユニークな知的成果を数多く産み出して今日に至っているが、『日本心霊』はその消息を観察しうる貴重な資料群といえよう。さらなる検証が待たれる。

あとがき

ここでは本書に至る共同研究の経緯を振り返ることで、あとがきとしたい。

この共同研究が『日本心霊』の発見に始まることは、「はじめに」でも述べた。それは二〇一三年一二月七日の人文書院の公式ツイッターによってはじめて公にされたのだが、このニュースにいち早く反応したのが、吉永進一先生であった。実は吉永先生は、京都大学大学院在学中から『日本心霊』の所在について人文書院に問い合わせ、その後も同社の編集者に会った際には質問を続けたが、「古い物は整理できていないのでまず見つからない」と返答されていた。『日本心霊』発見の報は、吉永先生にとって三〇年越しの悲願であったであろう。吉永先生は、その日のうちに人文書院にメールを送り、予備調査のために訪問する手はずを整え、さらに私を含む数人の研究者に資料整理の協力を打診している。

私とともに共同研究の「実働部隊」を担った石原深予さんもまた、このときに吉永先生からメールを受け取った一人である。二〇一二年に吉永先生がおこなった心学修正舎新春講演会「明治初期京都が生んだ国際人、平井金三」や京大大学院宗教学専修の特殊講義「心身論から見た日本近代思想」に石原さんが出席したことが縁で知り合われ、当時留学中だった私にも吉永先生からメールで紹介があった。ちなみに、この特殊講義は、近代日本の催眠術・民間精神療法を思想史的に解き明かしたもので、吉永先生は「特殊（な）講義」と冗談めかしておられたが、京大の学部生・院生のみならず、京都近辺の学生から大学教員までの聴講があり、今では半ば伝説となっている。

翌二〇一四年になると、共同研究の立ち上げが本格化する。私にとっては、一柳廣孝先生と出会った年である。一柳先生と吉永先生とは以前から知り合いだったが、そのご高名を承りつつも私は直接お会いしたことはなかった。直接知り合うきっかけになったのが、岐阜県博物館の特別展「奇なるものへの挑戦――明治大正／異端の科学」（七月四日〜八月三一日）が開催されたことである。これに吉永先生と一柳廣孝先生が協力しており、八月二四日には特別展のイベントとして一柳・吉永両先生の講演会が行われた。この講演会にて吉永先生から一柳先生を紹介され、石原さんを含めて共同研究について簡単な打合せをしている。

九月には、一柳先生を代表とした科研費申請の計画が着手される。まず吉永先生、続いて一柳先生、石原さん、私が人文書院を訪れて、渡邊博史社長と科研について打合せをおこなった。このときに初めて『日本心霊』や書簡・写真類の山を目にしたときの興奮は今でも冷めやらない。加えて、出版文化・写真文化に詳しい菊地暁さんに分担研究者に加わってもらうことになった。この提案をしたのも、やはり吉永先生である。当時、菊地さんと吉永先生は、京都大学人文科学研究所の共同研究班「日本宗教史像の再構築」（二〇一四〜二〇一六年度／以下、宗教史像研究班と略す）の世話人として密接な連携を取っていた（他の世話人は大谷栄一さんと永岡崇さん）。なお、この共同研究班も吉永先生と大谷さんが中心となって京大人文研に申請したもので、以下のような研究目的を掲げていた。

近年、日本宗教史の研究は新たなステージを迎えている。近代仏教史を例に挙げれば、従来の研究が更新されつつある。長年、この分野を牽引してきた吉田久一、柏原祐泉、池田英俊らの研究に多大な実証的成果を認める一方、宗教史的事実の位置付けに一定の「偏向」があることも徐々に明らかとなってきた。たとえば、神智学協会会長・オルコットの来日（明治二二年）という出来事の宗教史的意義が検討されることはまれだった。しかし実際には、来日したオルコットは各地で大歓迎され、一種の仏教リバイバルを引き起こした。ここに、「神智学」のオカルティズムに対する近代仏教研究側の予見があったことは認めざるを得ない。すなわち、近代主義的な「宗教」観に基づく事例の取捨選択が強固に作用していたのである。こうした既存の宗教史研究の「近代主義的」なバイアスを解きほぐし、それによって不可視化されていた事象に光を当て，新たな日本宗教史像を構築していくことが、本研究の目的である。

ここには、吉永先生の研究成果（『神智学と仏教』等を参照）が色濃く反映されていることが見て取れる。日本心霊学会研究もまたこの研究目的の延長線にある。宗教史像研究班には、私の他、本書の執筆者では石原深予さん、平野直子さんも参加した。

科研の研究分担者（石原・栗田・菊地・吉永）も決まったので申請書を執筆・提出し、翌年に無事に採択された。こうして基盤研究（C）「デジタルアーカイブ構築による人文書院戦前期資料の多面的文化史研究」（二〇一五〜二〇一七年度、研究課題番号15K02241／以下、日本心霊科研と略す）として、名実ともに共同研究が発足した。

科研費助成金の大部分は『日本心霊』の修復作業（裏打ち処理・脱酸素処理）と電子化に充てられることになったため、書簡類・写真類の資料整理と電子化（写真撮影）については知り合いの研究者を集め、二〇一五年八月一九日および二〇一六年二月二七日（後述のワークショップを兼ねる）の二回にわたって人海戦術で行うことになった。交通費などの費用面では、宗教史像研究班に支援を受けた。このときにご協力いただいたのは、飯田健一郎さん（同志社大学）、上野大輔さん（慶応義塾大学）、黒岩康博さん（天理大学）、後藤悠帆さん（京都大学）、酒井春乃さん（京都大学）、佐藤良憲さん（人文書院）、島津恵正さん（宗教学関係翻訳）、志村真幸さん（南方熊楠研究会）、神保町のオタさん（ブロガー）、竹内瑞穂さん（愛知淑徳大学）、田野尻哲郎さん（東京大学）、中元洸太さん（京都大学）、並木英子さん（国際基督教大学）、野村英登さん（二松學舍大学）、平野直子さん（早稲田大学）、穂波慶一さん（龍谷大学）、光石亜由美さん（奈良大学）、森本恵一朗さん（キトラ文庫）である（五十音順、所属・肩書は当時のもの)。ここに記して、改めて感謝の意を表します。

この撮影作業協力者のなかに、後に本書のコラム執筆者となる平野直子さんと神保町のオタさんがいる。平野さんは、吉永先生が立ち上げた「宗教と精神療法」研究会(『近現代日本の民間精神療法』の「あとがき」参照)の頃からの知り合いで、さまざまな研究会やパネルで切磋琢磨してきた仲間である。現在は育児と研究の両立という点で私と似たような境遇にあり、その意味でも勝手ながら仲間意識を持っている。神保町のオタさんは、吉永先生が学生時代に所属したサークル「京都大学UFO超心理研究会」の後輩で、これまた伝説となった近代ピラミッド協会の一員でもある。吉永先生のパソコンに残された未発表草稿には、一九七八年の特筆すべき出来事として「×××という異才が(UFO超心理研に)入ってきたこと」とあり、また、オタさんの編集したUFO超心理研の機関紙『宇宙波動』二〇号に対しては「×××偏執長の手腕が窺える」という賛辞がある(失礼ながら本名を伏せた)。いかに吉永先生が当時からオタさんの才能を高く買っていたかがよくわかる。私自身もオタさんのブログ「神保町系オタオタ日記」を読むたびに、「古書マニア」という在野の知の深淵にいつも舌を巻かされている。

二〇一六年には、大正期の『日本心霊』スキャンデータが完成し、それをもとに作業用のPDFデータ作成を行った。これには、日本心霊科研のほか、特別研究員奨励費「越境する霊性と身体――行から見る宗教の近代化と国際化の歴史記述」(栗田英彦代表、二〇一五~二〇一七年度、研究課題番号15J12590)からも作成費を充当した。PDF化作業は、基盤研究(B)「日本新宗教史像の再構築：アーカイブと研究者ネットワーク整備による基盤形成」（菊地暁代表、二〇一八～二〇二二年度、研究課題番号18H00614／以下、新宗教史像科研と略）が引き継ぎ、二〇一九年二月に完了させた。

二〇一八年以降は日本心霊科研も終了したために、共同で何かを行うことは少なくなっていた。各自、別のプロジェクトで忙しくなったこともあり、共同研究としては少し停滞期に入っていたかもしれない。それが大きく動いたのは、二〇二〇年一〇月二〇日、『京都新聞』の一面に「『日本心霊学会』の資料発見「人文書院」前身は霊術団体――近代精神史の一級資料」という記事が躍り、そこから続いて三日にわたって地域面の企画「ウは「京都《きょうと》」のウ」で大きく取り上げられてからである。取材を担当された樺山聡記者は、他に京都静坐社、京大ＵＦＯ超心理研、在野の歴史家藪田嘉一郎など前例のないネタを記事にしておられ、ここにも京都の深淵を覗き込む思いがする。ともあれ、その記事の効果によるのかどうかはわからないが、一一月には『日本心霊』の目録作成のために募集していた作業員が一気に集まり、さらに人文書院からの論文集出版が本決まりになった。

目録作成については、佐藤良憲さんを中心とした人文書院のスタッフと協力しながら、二〇二一年六月頃にはおおよそ終了している（完全な完成は翌年五月）。作業にかかる費用は、新宗教史像科研と基盤研究（Ｃ）「近代仏教と民間精神療法：プラクティスの近代化とグローバル化」（栗田英彦代表、二〇二〇～二〇二二年度、研究課題番号20K00084／以下、プラクティス科研と略）から充てた。渡勇輝さん（佛教大学院生）は、このときの作業員の一人であり、見出し取り作業のなかで野村瑞城に関心を持ったと聞き、論文集への参加を打診して今回の執筆となった。他に作業をご協力いただいたのは、亀山光明さん（東北大学院生）、陳煜恒さん（東北大学院生）、森本雅崇さん（京都府立大学院生）である。ありがとうございました。

論文集については、二〇二一年から本格的に始動した。五月にオタさん、六月に平野さんにコラムを依頼し、快諾を得て今に至った。佐藤良憲さんには「日本心霊学会〜戦前期人文書院年表」の執筆を担当してもらうことになった。『日本心霊』のデジタル資料は、二〇二二年三月、丸善雄松堂のＪ－ＤＡＣに収録されることに決まった。二万件を超える見出しの目録は、ここに索引として使用されている。

こうした共同研究の成果は、以下の関連ワークショップや研究会にて発表した（報告者は本書関係者のみ記載・五十音順・敬称略）。

- 国際ワークショップ「近代化と霊的・精神的・身体的実践――ヨガからレイキへ（Modernization, and Spiritual, Mental and Physical Practices: From Yoga to Reiki）」（二〇一五年一二月一二～一三日、京都大学人文科学研究所、宗教史像研究班主催）。石原深予、栗田英彦が報告。平野直子と吉永進一は発表予定であったが、やむをえない事情により中止。
- ワークショップ「日本宗教史資料整理の実際――日本心霊学会資料を素材として」（二〇一六年二月二七日、京都大学人文科学研究所、宗教史像研究班・日本心霊科研共催）。石原深予、栗田英彦が報告。

・ワークショップ「日本心霊学会から人文書院へ――新資料調査の中間報告」（二〇一六年一二月一七日、京都大学人文科学研究所、宗教史像研究班・日本心霊科研共催）。石原深予、一柳廣孝、菊地暁、栗田英彦、佐藤良憲、吉永進一が報告。ワークショップの様子は、『中外日報』一二月二三日号の「浄土宗に多い支部「心霊学会」の実態を解明」という記事に掲載される。
・第一回「プラクティスの近代」公開研究会「日本心霊学会と神道・仏教」（二〇二二年一月二九日、オンライン、新宗教史像科研・プラクティス科研他共催）。栗田英彦、平野直子、渡勇輝が報告。

以上が本書に至る共同研究の経緯である。『日本心霊』発見から、ここまで足掛け九年と長い道のりだったが、出版が決まってからはスムーズに話が進んでいった。実務を執ってくださった人文書院編集部の松岡隆浩さんのおかげである。記して感謝いたします。

この共同研究は、ツイッターという現代を代表するメディアを通じて、『日本心霊』という約一〇〇年前のメディアの発見が報告されたことに始まった。時の隔たりを感じる一方で、メディアとともに歩んできた日本心霊学会＝人文書院の連続性も窺える。そのツイートは、研究者だけでなく、古書収集家、新聞記者、オカルトマニアから「一見さん」まで多様な人々の知的関心を喚起し、それに端を発した共同研究では、単に学際的というよりは、大学研究者、在野の研究者、出版社社員という異種の知的生産者が、資料整理から研究・執筆までを共にできたからである。それは、本書で明らかにしてきた日本心霊学会の特徴にふさわしい。

そして、ここで述べてきたように、そのような異種混淆の結節点には常に吉永先生がいた。ある人は、吉永先生を指して非常に優秀な「オルガナイザー」であると評した。周知のように、この言葉は党の使命を担って市民や労働者に入り込んで組織体を結成する者のことを言う。もちろん、「アナキスト」を自認する吉永先生が、文字通りの意味で「党生活者」であるはずがない。それでも、一種の譬喩としてその評には同意できるところがある。

吉永先生は、学知と在野の知の越境者であった。といっても、ある種の体系化された知を市民的労働者の住まう世俗に注入するのでもなければ、逆にそうした世俗の動向に阿るのでもない。むしろ、在野の深淵を、世俗化した学知と学知化した世俗に覗かせるような意味での越境者であった。その深淵に魅了された者を、論文や研究会だけでなくブログやＳＮＳを駆使しながらオルグして同志を集め、さまざまな国内外の共同研究を通じて、まさに近代宗教史ひいては近代史を史観のレベルから塗り替えようとしていた。

その吉永先生が、本書準備中の二〇二二年三月三一日に亡くなられた。心の準備をしていたつもりだったが、今でも、言いようのない感情とともに「早すぎる」という言葉が頭をもたげてくる。本当に早すぎるのである。本書でも、病と闘いながらも「木原鬼仏から渡邊藤交への術の系譜」についての新稿を書き下ろそうされていた。その飽くなき知的欲求は、肉体の限界を超えて永遠であるかのようにも思えたのである。

もちろん、その終わりなき欲求を継承するのは、後に続く我々の役目だとは言えるし、自覚もしているつもりである。しかし、今はまだ無理に感情や抱負を言葉にしたところで、ごくありふれた文字列に変換され、何の心の準備もできていなかったことを露呈するのみである。ひとまず、この「あとがき」でもって追悼の言葉に代えておきたい。

栗田　英彦

二〇二二（令和四）年八月五日

日本心霊学会～戦前期人文書院年表

■一九〇六年（明治三九年）または一九〇八年（明治四一年）
渡邊久吉（藤交）、京都市四条寺町下ル透玄寺内で日本心霊学会を立ち上げる。

■一九一三年（大正二年）
日本心霊学会、日本心霊学会会員に対し配付用の『呼吸式感応的治療秘書』を印刷。改版を経て昭和一一年まで発行し続ける。講習会に参加し免状を与えられるとこの本が渡されたと思われる。

○刊行物
渡邊藤交『呼吸式感応的治療秘書』（日本心霊学会、非売品、一九二四年（大正一三年）に『心霊治療秘書』と改版）

■一九一四年（大正三年）
一月、日本心霊学会、台南出張治療。

一一月、大正三年会員名簿発行。

■一九一五年（大正四年）
四月、日本心霊学会、満洲出張治療。

二月、日本心霊学会機関紙『日本心霊』発行開始。全国の一万を超える会員に向けて情報を発信するため機関紙を創設し、福来友吉の論文や宗教界情報、治療体験談などを掲載した。当初は毎月七日発行。

一一月、大正四年会員名簿発行。以降会員名簿は発行されず。

■一九一六年（大正五年）
一月、『日本心霊』月二回発行（一日、一五日）となる。

三月、『日本心霊』「発刊一周年記念号」発行。

■一九一七年（大正六年）
三月、『日本心霊』「創立十周年記念号」発行。

四月、真宗大谷派法主大谷光演（句仏）、日本心霊学会の心霊治療を受ける。『中外日報』紙上で論争を巻き起こす。

七月、『日本心霊』「句仏上人の足が動く」記事掲載。浄土真宗内の論争のきっかけとなる。

一〇月、日本心霊学会会務拡張のため京都市河原町二条下ル（京都ホテル北隣）に移転する。

■一九一八年（大正七年）
三月、『日本心霊』「創立拾壱周年記念春季増刊号」発行。一部二〇銭。

○刊行物
日本心霊学会『現在及将来の心霊研究』（日本心霊学会発行）

■一九一九年（大正八年）
一月、『日本心霊』新聞紙法に基づき発刊されるようになる。

■一九二〇年（大正九年）

■一九二一年（大正一〇年）
○刊行物
「日本心霊」編輯部『霊の神秘力と病気』（日本心霊学会）

■一九二二年（大正一一年）
「日本心霊学会出版部」創業。この年をもって人文書院創業とする。「日本心霊」紙にこの年が創業の年という記述はないが、『日本出版百年史年表』（日本書籍出版協会刊、一九六八年）における一九二二年創業説と、出版部の創設という事実から推測。

■一九二三年（大正一二年）
一月、『日本心霊』月三回発行（一日、一〇日、二〇日）となる。
○刊行物
6　福来友吉『生命主義の信仰』

■一九二四年（大正一三年）
○刊行物
6　野村瑞城『原始人性と文化』
6　カーリングトン著　関昌祐訳『現代心霊現象之研究』

■一九二五年（大正一四年）
六月、京都公会堂にて創立一八周年記念講演会を催行。福来友吉、今村新吉による講演が行われる。

六月、『日本心霊』「創立十八周年記念霊的体験録」発行。
○刊行物
4　福来友吉『観念は生物なり』
4　野村瑞城『霊の活用と治病』
10　今村新吉『神経衰弱について』
10　平田元吉『近代心霊学』

■一九二六年（大正一五年／昭和元年）
『白隠と夜船閑話』が売れに売れ、年内に七版を数える。
○刊行物
2　日本心霊編輯部編『「病は気から」の新研究』
5　野村瑞城『白隠と夜船閑話』
6　福来友吉『精神統一の心理』

■一九二七年（昭和二年）
一一月、「日本心霊学会出版部」を「人文書院」に改名。フランス語の「ユマニスム」から連想を得た今村新吉の命名によるという。『日本心霊』紙上には出版上の便宜を図り誤解を防ぐためとある。

○刊行物

2　今村新吉『神経衰弱とヒステリーの治療法』
2　小酒井不木『慢性病治療術』
10　永井潜『人及び人の力』
10　野村瑞城『民間療法と民間薬』

■一九二八年（昭和三年）

一一月、『日本心霊』「創立二十一周年　治病体験録」発行。

○刊行物

3　石川貞吉『実用精神療法』
6　野村政造（瑞城）『白隠と遠羅天釜』
11　小酒井不木『医談女談』
11　藤岡巌『近世生理学史論』

■一九二九年（昭和四年）

○刊行物

5　野村端城『療病と迷信』
5　永井潜『人性論』

■一九三〇年（昭和五年）

一一月、『日本心霊』「創立二十三周年　治病体験録」発行。

○刊行物

3　野村瑞城『沢庵と不動智の体現』
12　泉芳璟『印度漫談』

■一九三一年（昭和六年）

心霊学に加え心理学書や医学書も刊行しはじめる。京都帝国大学医学部教授であった今村新吉の紹介によるものと思われる。

○刊行物

1　小南又一郎・速水寅一『放火と犯罪の動機』
5　藤浪剛一『東西沐浴史話』
6　越智眞逸『心の衛生』
9　小南又一郎『実例法医学と犯罪捜査実話』
12　清水正光『健康増進　呼吸哲学』

■一九三二年（昭和七年）

○刊行物

2　石川光昭『バクテリヤと人生』
2　越智眞逸『父母よ醒めよ』
3　巴陵宣祐『人類性生活史』

3　近重眞澄『野狐禪』
6　島田徹心『益軒養生訓の現代性』
11　福来友吉『心霊と神秘世界』

■一九三三年（昭和八年）
清水正光、人文書院入社。
○刊行物
5　永井潜『自然観より人生觀へ』
5　高橋宮二『千里眼問題の真相』
5　カーリントン著　関昌祐訳『現代心霊現象の研究』
9　平田元吉『京大法学部事件批判』
10　浦本浙潮『生命の第四原理』

■一九三四年（昭和九年）
『俗つれづれ』大ヒットし年内に一八版を重ねる。この年から文芸書を刊行しはじめ、心霊学の本が出なくなる。清水正光が編集長に就任したと思われるが時期不明。
○刊行物
1　青柳栄司『宗教的信仰と教育』
1　山縣正明『禅と療病』
5　福来友吉『生命主義の信仰』
5　小南又一郎『犯罪心理講話』
7　樋口榮『女學生に必要なる醫學の知識』
10　淺田一『研究室より社会へ』
10　高田義一郎『実例育ての「こつ」』
10　川上漸『断弦』
11　釈瓢斎『俗つれづれ』
11　平野啓司『胃腸と療養』
12　森田正馬『生の欲望』

■一九三五年（昭和一〇年）
○刊行物
1　内島昌雄『結核予防治療諸問題を正視す』
2　浦本浙潮『刺戟』
2　森田正馬『赤面恐怖の療法』
2　藤田進一郎『時代を歩む』
3　小塙徳子『山居』
4　浦本浙潮『旅心常住』
4　釈瓢斎『白隠和尚』
5　富田溪仙『無用の用』
6　宮川曼魚『花鳥風月』
6　齋藤瀏『萬葉名歌鑑賞』
6　東光治『萬葉動物考』
7　高崎正秀『萬葉集叢攷』
7　近重眞澄『雪だるま』
9　釈瓢斎『瓢齋随筆』

9　佐佐木信綱・雪子『筆のまにまに』
9　古谷屋芳雄『民族問題をめぐりて』
9　岡本鶴松『世界は動く』
10　式場隆三郎『文學的診療簿』
11　木下桂風『松籟』
11　森田正馬『神経質療法への道』
11　尾山篤二郎『作歌道雑話』
12　佐藤潔『玩具と縁起』
12　河井酔茗『南窓』

■一九三六年（昭和一一年）
保田與重郎、『日本の橋』他（『英雄と詩人』も含む）で池谷賞受賞。
この年から「日本浪漫派」同人の書籍が多くなる。

○刊行物
1　浦本浙潮『漫筆七部集』
1　服部如実『僧房綺談』
1　坂井末雄『頼山陽詠史の評釈』
5　清野謙次編『藤浪先生遺影』
3　宇佐玄雄『説得療法』
3　金田一京助『学窓随筆』
3　吉安碧天『ひっくり返す』
4　内海幽水『近代婦人の世界を観る』
4　川田順『俊成・定家・西行』
5　阿部徳蔵『奇術随筆』
5　飯島曼史『見る読む想ふ』
5　樹下快淳『和宮様の御生涯』
5　井上吉次郎『手と足』
6　長谷川泰造『ソ連の要路を占むるユダヤ人の極東攻略』
7　風巻景次郎『新古今時代』
7　松村英一『短歌管見』
7　中河与一『文芸不断帖』
7　渡邊虹衣『茶と花』
7　川上漸『寒灯』
9　井上吉次郎『逆に』
9　釈瓢斎『それからそれへ』
9　荻原井泉水『白馬に乗る』
9　岡田強『文明と狂想』
9　島田徹心『養生訓の現代性』
10　小松柳吉『小松柳吉詩集』
10　永井潜『道と自然』
10　岡山巌『現代歌人論』
10　佐佐木治綱『短歌鑑賞の心理』
11　橋田邦彦『自然と人』
11　森田正馬『健康と変質と精神異常』
11　岸田國士『時・處・人』
11　石川欣一『ひとむかし』
11　保田興重郎『英雄と詩人』

12 杉浦清『赤色診療簿』
12 速水寅一『「何故に」と題して』
12 前田夕暮『顯花植物』
12 山内孝一『涓滴集』
12 水野葉舟『小品集　村の無名氏』
12 岡山巌『思想と感情』

■一九三七年（昭和一二年）

○刊行物

2 倉田百三『東洋平和の恋』
3 高崎正秀『金太郎誕生譚』
3 吉江喬松『朱線』
3 太宰施門『瑪蘭樹（メランジュ）』
3 森田草平『一日の放樂』
3 岡山巌『寸感抄』
5 半田良平『短歌詞章』
6 津軽照子『手かがみ』
6 西川義方『澄心記』
6 井上吉次郎『文観上人』
9 田邊尚雄『名曲詳解』
9 佐佐木信綱『歌がたり』
9 藤田徳太郎『近代歌謡の研究』
9 林髞『思想と生理』
9 前田晁『人生私語』
10 前田進一郎『随筆　思想と生活』
10 金田一京助『採訪随筆』
10 河井醉茗『醉茗詩話』
11 浦本漸潮『科学と民族』
11 佐藤春夫『むささびの冊子』
11 中山太郎『民俗点描』
12 正宗白鳥『予が一日一題』

■一九三八年（昭和一三年）

○刊行物

1 守田有秋『戦争随筆』
1 松村英一『短歌の作法と鑑賞』
1 内島昌雄『長寿の医学』
1 岡山巌『現代短歌論』
1 関保之助『式正の鎧』
1 釈瓢斎『毒つれづれ』
2 丸山侃堂『事変下の日本』
3 正宗白鳥『思い出すまゝに』
4 川田順『山海居閑語』
4 吉田平七郎『趣味の科學　動物園から』
4 塩田良平『山田美妙の研究』
5 長浜繁『青年と神経衰弱』
5 重徳泗水『フランスを中心に』
6 本間久雄『文学襍記』

6 岡本かの子『希望草紙』
6 式場隆三郎『自然療法』
6 土岐善麿『満目抄』
7 西村真次『文化と歴史』
7 中島悦次『伝説の誕生』
8 小林専一『完全なる療養』
9 山下陸奥『短歌の表現と技巧』
9 浦本浙潮『旅・土・人』
10 宮島幹之助『蝸牛の角』
10 岡野直七郎『短歌新論』
10 齋藤清衛『精神美としての日本文学』
10 松村寛治『科學的宗教』
10 円地与四松『世界の変貌』
11 佐佐木信綱『口語　土佐日記』
11 京都帝国大學医學部病理學教室『人類學輯報』
12 佐佐木信綱・伊藤嘉夫編『傷痍軍人聖戦歌集　第一集』
12 水原秋櫻子『冬林抄』
12 塩田良平『概観明治文學』
12 岡山巖『歌集　帝都の情熱』
12 岡山巖『短歌鑑賞論』

■一九三九年（昭和一四年）

三月、永田秀次郎著『国民の書』が大ヒットとなり一カ月で二〇版。
七月には三〇版に到達する。

七月、『日本心霊』七月一五日（通巻七〇三号）をもって廃刊。「事変下の資源愛護」のため。これ以降日本心霊学会の活動の記録がなくなり、一体いつ消滅したのかも定かではない。

九月、〈作家自選短編小説傑作集〉刊行開始。

○刊行物

1 渡辺虹衣編著『川柳　銃後と戦線』
1 西村真次『民族と生活』
2 円地文子『女坂』
2 平田元吉『帝大の粛正はこれから』
2 永田秀次郎『国民の書』
2 高橋良三『変革期支那の認識』
3 西辺利仙『天使の歔欷』
4 佐佐木信綱補・佐佐木弘綱『口訳　更級日記』
4 相馬御風『土に祈る』
5 平野啓司『胃潰瘍は治る』
6 横倉辰次『沼街』
6 平田宗行口述・元田喜代子記『闇をひらく　失明勇士の手記』
6 西胡桃太『吐根末』
6 釈瓢斎『添作と指導　俳句入門』
6 宇佐玄雄『癖の直し方』
7 齋藤瀏『波濤』
9 富澤有為男『夫婦』
9 林癸未夫『随筆　天邪鬼』

9　飯田蛇笏『俳句文学の秋』
9　岡野直七郎『歌壇展望』
9　山宮新『こうすればキット癒る呼吸器病の療養法』
9　保田與重郎『浪漫派的文藝評論』
10　芳賀檀『祝祭と法則』
10　淺野晃『悲劇と傳統』
10　田邊尚雄『歌劇名曲詳解』
11　佐佐木信綱・伊藤嘉夫編『傷痍軍人聖戦歌集　第二集』
11　古畑種基『法医学と犯罪捜査』
11　藤田徳太郎『國文學の世界』
11　相馬御風『日は昇る』
11　倉田百三『日本主義文化宣言』
11　林大『戦地より父母へ』
12　片桐顕智『明治短歌史論』
12　大鹿卓『千島丸』

■一九四〇年（昭和一五年）

○刊行物

1　藤田徳太郎『国文学の歴史と鑑賞』
1　安騎東野『欧州の雀』
1　中谷孝雄『春』
1　長興善郎『幽齋父子』
2　佐佐木信綱補・佐々木弘綱『十六夜日記』
2　中河与一『愛の約束』
3　水原秋櫻子『聖戦と俳句』
3　太田水穂『神々の夜明』
3　寺崎浩『森の中の結婚』
4　外村繁『風樹』
5　西村真次『伝統と土俗』
5　太宰治『思ひ出』
5　大橋武彦『ドイツ文芸読本』
6　岡田巌『短歌作法の書』
7　丸岡明『或る生涯』
7　徳田一穂『花影』
7　若林つや『午前の花』
7　寺崎浩『愛の倫理』
8　佐佐木信綱『瀬の音』
8　田畑修一郎『石ころ路』
9　エヅアルト・マイヤー『英国罪悪史』
9　室生犀星『此君』
9　佐佐木信綱『伊勢物語』
9　岡田三郎『冬去りなば』
9　西原勝『陸軍航空を語る』
10　小田嶽夫『あたゝかい夜』
11　相馬御風『辺土に想ふ』
12　太田水穂『螺鈿』
12　中村地平『陽なた丘の少女』
12　真杉静枝『萬葉をとめ』

12　市川彦太郎『外交と生活』

■一九四一年（昭和一六年）

○刊行物

2　舟橋聖一『清流』
3　山下陸奥『短歌の探求』
3　栗原潔子『歌集　寂寥の眼』
3　徳田秋声『花が咲く』
3　島村利正『高麗人』
3　竹田寅三『歌集　轍』
4　森本治吉『万葉集新見』
4　釈瓢斎『有縁集』
4　倉田百三『冬鶯』
4　飯田蛇笏『旅行く諷詠』
6　榊山潤『遠い伝説』
6　藤澤親雄『日本的思惟の諸問題』
6　大林馨『東天紅　第一巻』
6　岡田三郎『母の花環』
6　河鰭實英『有職故實圖譜』
7　寺崎浩『旅人の歌』
8　サマーセット・モーム『亡命作家の手記』
8　釈瓢斎『句解集』
8　太田水穂『和歌上達の書』
9　西村真次『人類と文明』
9　大林馨『東天紅　第二巻』
9　佐佐木信綱『和歌初学』
10　吉田平七郎『科学する動物園』
10　田邊尚雄『東洋音楽の印象』
10　持田閑堂『禅の概説』
11　東光治『生物暦』
12　和田勤一郎『療養と予防』
12　宇佐玄雄『精神病の看護法』

■一九四二年（昭和一七年）

このころから企業統制による出版社の統合が議論される。

○刊行物

1　宮島幹之助『熱帯生活の常識』
1　小寺菊子『花・犬・小鳥』
1　肥後和歌子『豊玉』
2　田邊秀雄『レコードと其音楽』
3　原奎一郎『紙の日の丸』
3　保田與重郎『詩人の生理』
3　相馬御風『丘に立ちて』
3　中山六彦『千代女と菊舎尼』
5　斎藤瀏『増補　萬葉名歌鑑賞』
6　藤田進一郎『大東亜の夜明け』

6　下村海南『一期一会』
8　サマーセット・モーム『南海の人々』
8　森山謙一郎『冬牡丹』
8　井戸川美和子『旅雁』
9　西村真次『歴史と文芸』
12　ダンヌンツイョ『海の讃歌』

■一九四三年（昭和一八年）

○刊行物

1　中河与一『偶然の問題』
1　三橋一夫『涙橋』
2　若松仲子『紅梅』
2　高橋繁『雪富士』
3　田口卯三郎『音と音楽』
4　四賀光子『伝統と現代和歌』
5　市村恵吾『フランソワ・ラブレエ』
7　西川義方『温泉言志』
7　東光治『続・萬葉動物考』
9　持田閑堂『無字の参究』
11　宮島幹之助『南方経済と厚生問題』
12　正宗徳三郎『ふる里』
12　佐佐木治綱『伏見天皇御製の研究』
12　椿一郎『且つ耕し且つ歌ふ』

■一九四四年（昭和一九年）

六月、人文書院、立命館出版部などほか数社と合併し京都印書館を立ち上げる。国策上の都合と用紙の割り当ての都合上合併したため、しばらくは「発行：人文書院　発売：京都印書館」となる。

○刊行物

9　長倉智恵雄『歌集　青嶺』

■一九四五年（昭和二〇年）

八月、人文書院、建物疎開により河原町二条の社屋兼自宅を引き払い東山区高台寺北門へ引っ越す。

九月、中河与一『愛の約束』（一九四〇年）を二万部重版。六円五〇銭。戦後人文書院初の出版活動であった。関西のみの販売であったが、年末までにほぼ売り切る。

○刊行物

1　前川佐美雄『歌集　金剛』
1　斎藤清衛『精神美としての日本文学』

（年表作成　人文書院）

や　行

ら　行

わ　行

な　行

は　行

ま　行

た　行

か　行

さ　行

人名索引

あ 行

吉永進一（よしなが　しんいち）

1957年生まれ。舞鶴工業高等専門学校人文科学部門教授、龍谷大学世界仏教文化研究センター客員研究員などを歴任。近代宗教史・秘教思想史。『神智学と仏教』（法藏館）、『近代仏教スタディーズ』（共編著、法藏館）、『近現代日本の民間精神療法』（共編著、国書刊行会）。2022年３月31日逝去。

渡勇輝（わたり　ゆうき）

1987年生まれ。佛教大学大学院文学研究科歴史学専攻博士後期課程。日本近代思想史、神道史。「柳田国男の大正期神道論と神道談話会」（『佛教大学大学院紀要文学研究科篇』49)、「近代神道史のなかの「神道私見論争」」（『日本思想史学』52)。

執筆者紹介（50音順）

石原深予（いしはら　みよ）

1975年生まれ。奈良女子大学、相愛大学等非常勤講師。日本近代文学。『尾崎翠の詩と病理』（ビイング・ネット・プレス）、『前川佐美雄編集『日本歌人』目次集（戦前期分）増補・修正版』（私家版）。

一柳廣孝（いちやなぎ　ひろたか）

1959年生まれ。横浜国立大学教育学部教授。日本近現代文学・文化史。『〈こっくりさん〉と〈千里眼〉』（講談社）、『催眠術の日本近代』（青弓社）、『無意識という物語』（名古屋大学出版会）、『怪異の表象空間』（国書刊行会）。

菊地暁（きくち　あきら）

1969年生まれ。京都大学人文科学研究所助教。民俗学。『柳田国男と民俗学の近代』（吉川弘文館）、『民俗学入門』（岩波新書）、『日本宗教史のキーワード』（共編著、慶應義塾大学出版会）。

栗田英彦（くりた　ひでひこ）（編者）

1978年生まれ。佛教大学、愛知学院大学等非常勤講師。近代宗教史、思想史。『近現代日本の民間精神療法』（共編著、国書刊行会）、『術と行の近代』（共編・解説、クレス出版）。

神保町のオタ（じんぼうちょうのおた）

1959年生まれ。ブロガー。「神保町系オタオタ日記」（https://jyunku.hatenablog.com/）を運営。京都大学在籍時に吉永進一らとオカルト研究団体「近代ピラミッド協会」を結成。

平野直子（ひらの　なおこ）

早稲田大学非常勤講師。宗教社会学。『宗教と社会のフロンティア』（共著、勁草書房）、『近現代日本の民間精神療法』（共著、国書刊行会）。

Printed in Japan
ISBN 978-4-409-03117-9 C1010

「日本心霊学会」研究
——霊術団体から学術出版への道

二〇二二年一〇月二〇日　初版第一刷印刷
二〇二二年一〇月三〇日　初版第一刷発行

編　者　栗田英彦
発行者　渡辺博史
発行所　人文書院
〒六一二-八四四七
京都市伏見区竹田西内畑町九
電話〇七五（六〇三）一三四四
振替〇一〇〇〇-八-一一〇三

印刷　創栄図書印刷株式会社
装丁　間村俊一

ジャン＝ポール・サルトル著／鈴木道彦訳

嘔吐（新訳）

二〇九〇円（本体＋税10％）

港町ブーヴィル。ロカンタンを突然襲う吐き気の意味とは……。一冊の日記に綴られた孤独な男のモノローグ。二〇世紀フランス文学の金字塔。人文書院ロングセラー、電子版あり。

「物が「存在」であるように、自分を含めた人間もまた「存在」であることにロカンタンは気づく。そうだとすれば、われわれがこの世界に生きているのも偶然で、何の理由もないはずだろう。われわれはみな「余計な者」である。この発見は強烈で、作品全体に一種のアナーキーな空気を漂わせている。（中略）これは政治運動としてのアナーキズムの意ではなく、独りきりの孤立した人間が練り上げたラディカルな思想を指している。」（訳者あとがきより）